T0204184

clave

Borja Vilaseca (Barcelona, 1981) está felizmente casado y es padre de una niña y un niño. Trabaja como escritor, divulgador, filósofo, conferenciante, profesor, emprendedor, empresario y creador de proyectos pedagógicos orientados al despertar de la consciencia y el cambio de paradigma de la sociedad.

Es el fundador de Kuestiona, una comunidad educativa que impulsa programas presenciales y online para que otros buscadores e inconformistas puedan desarrollarse en las diferentes áreas y dimensiones de su vida, presente en siete ciudades de tres países. También es el creador de La Akademia, un movimiento ciudadano que promueve de forma gratuita educación emocional y emprendedora para jóvenes de entre dieciocho y veintitrés años, presente en más de cincuenta ciudades de seis países. Y actualmente está liderando el proyecto Terra, una propuesta de escuela consciente que pretende revolucionar el sistema educativo.

También es uno de los referentes de habla hispana en el ámbito del autoconocimiento, el desarrollo espiritual y la reinvención profesional. Es experto en eneagrama. Desde 2006 ha impartido más de trescientos cursos para más de quince mil personas en diferentes países y desde 2017 ofrece sus seminarios en versión online.

Como escritor, ha publicado cinco libros: *Encantado de conocerme*, *El Principito se pone la corbata*, *El sinsentido común*, *Qué harías si no tuvieras miedo* y *Las casualidades no existen*. Con su pseudónimo, Clay Newman, también ha publicado *El prozac de Séneca* y *Ni felices ni para siempre*. Parte de su obra literaria ha sido traducida y publicada en diecisiete países. Anualmente imparte cursos y conferencias en España y Latinoamérica para agitar la consciencia de la sociedad.

Para más información, visita las páginas web del autor:
www.borjavilaseca.com
www.kuestiona.com
www.laakademia.org
www.terraec.es

También puedes seguirlo en sus redes sociales:
Borja Vilaseca
@BorjaVilaseca
@borjavilaseca
Borja Vilaseca
Borja Vilaseca

CLAY NEWMAN
Pseudónimo de BORJA VILASECA

Ni felices
ni para siempre

**Una nueva forma de entender
las relaciones de pareja**

**Edición revisada
y actualizada**

DEBOLS!LLO

Papel certificado por el Forest Stewardship Council®

MIXTO
Papel procedente de
fuentes responsables
FSC® C117695

Penguin
Random House
Grupo Editorial

Primera edición revisada y actualizada: mayo de 2021
Tercera reimpresión: diciembre de 2022

© 2016, 2021, Borja Vilaseca
© 2016, 2021, Penguin Random House Grupo Editorial, S. A. U.
Travessera de Gràcia, 47-49. 08021 Barcelona
Diseño de la cubierta: Nico Castellanos
Imagen de la cubierta: © Thinkstock

Printed in Spain – Impreso en España

ISBN: 978-84-663-5742-5
Depósito legal: B-2.710-2021

Compuesto en Fotocomposición gama, sl

Impreso en Prodigitalk, S. L.

P 3 5 7 4 2 A

Para mi compañera de viaje, Irene.
Gracias por amarme cuando
menos lo he merecido y más lo he necesitado

Índice

Primera parte
LA PAREJA INCONSCIENTE

Segunda parte
EL APRENDIZAJE EN PAREJA

Tercera parte
LA PAREJA CONSCIENTE

La función de tu pareja no es hacerte feliz, sino hacerte consciente.

ECKHART TOLLE

I

CONFESIÓN DEL AUTOR

La otra historia detrás de Clay Newman

El amor es la palabra más maltratada de la historia. Lo sé por experiencia. De hecho, quiero empezar pidiendo disculpas a todas las mujeres a las que he querido, empezando, como no, por mi compañera de viaje. En el momento en que escribo estas líneas llevamos casi quince años de noviazgo. Si bien me ha costado muchísimo sufrimiento comprender que yo soy la persona más importante y el verdadero amor de mi vida, ella se encuentra en un destacado segundo lugar, seguida muy de cerca por nuestros dos hijos.

Soy consciente de que igual te ha chocado la afirmación que acabas de leer. Y que seguramente me estás tachando de egoísta por pensar así. No es para menos: la sociedad te ha hecho creer que amarte a ti mismo es casi un delito. De ahí que busques desesperadamente a tu media naranja para sentirte completo y feliz. Al menos así es como yo fui condicionado. Durante muchos años creí que ahí fuera había una mujer hecha solo para mí. Y que al recibir su amor, dejaría de sentirme vacío y desdichado. Menudas bofetadas me he tenido que pegar para darme cuenta de lo equivocado que estaba.

Las tres relaciones de pareja que he tenido —incluyendo la actual— han estado boicoteadas por mi dependencia emocional. No te exagero si te confieso que con las lágrimas que he derramado por desamor podría llenar una piscina olímpica. De hecho, es bastante posible que figure en el ranking de los tíos más cursis y románticos que hayan existido. No lo digo en plan orgulloso; estoy haciendo autocrítica. En mi adolescencia me sentía un príncipe azul obsesionado por encontrar a su princesa. Y las tres que me ligué me acabaron dejando. Bueno, la última me dio una segunda oportunidad y ahí andamos.

De hecho, el nacimiento de este libro tiene que ver con el periodo que precedió a nuestra última gran crisis de pareja y posterior separación, la cual coincidió con la llegada de nuestro segundo hijo. Pero ya llegaremos a eso. Mejor empiezo por el principio. Tenía veintidós años y me acababa de dejar mi novia de aquel entonces. Como de costumbre, estaba tumbado sobre la cama, regodeándome en mi charco de melancolía, escuchando con mis *walkmans* —en modo «repetición»— la canción «En el muelle de San Blas», del grupo mexicano Maná.

Mi exnovia era la única conexión que me quedaba con mi entorno social en Barcelona, del cual me había emancipado de forma radical años atrás por decisión propia. Ahora volvía a quedarme completamente solo. Fue entonces cuando decidí que necesitaba cambiar de aires. Afortunadamente, poco después me admitieron para cursar el Máster de Periodismo de *El País* en Madrid. Y un año después —tal vez el más depresivo de mi vida—, volví para incorporarme como becario en la redacción de Barcelona.

CÓMO CONOCÍ A *MI* MUJER

El día en que empezaba mis prácticas como periodista, me detuve unos instantes en la entrada del edificio. Y antes de entrar, miré al cielo y me juré no volver a emparejarme hasta que supiera ser feliz por mí mismo... Sé que no vas a creerme, pero al día siguiente conocí a mi actual esposa. Fue en la redacción de aquel periódico. Mi jefe me la presentó como «la otra becaria».

Y nada más verla se me detuvo el corazón. Aquella morena con aspecto de intelectual y cuatro años menor que yo— era, sin duda alguna, la chica más bella que había visto nunca. Me enamoré en menos de un segundo.

Lo *peor* de todo fue que en nuestra primera conversación empezamos a hablar, sin venir a cuento, del sentido de la vida. Enseguida descubrimos que teníamos una poderosa cosa en común: el amor por la literatura y la filosofía. Sin embargo y más allá de mi juramento, existía otro pequeño obstáculo. En un momento dado me contó que llevaba un par de años saliendo con otro. Esa misma noche, volví a mirar hacia donde viven las estrellas y suspiré: «Acabo de conocer a la mujer de mi vida».

Pero como para mí la integridad es un valor sagrado, actué como un caballero. Me conformé con ser su amigo. O al menos disimular mis sentimientos para intentar serlo. No fue fácil. Más que nada porque soy como un libro abierto, igual de transparente que un cristal recién limpiado. En fin, nos veíamos cada día, buscando cualquier excusa para hacer una pausa y conversar durante nuestra jornada laboral.

Nos pasábamos horas compartiendo libros y debatiendo sobre autores, filosofando sobre la razón de ser de nuestra existencia. Sin duda estaba cada vez más convencido de que ella era mi alma gemela. Ya te he dicho antes que en aquella época era un romántico empedernido. O dicho de otra manera: un inmaduro, un ignorante y un inconsciente. ¡Menuda sarta de creencias tan limitantes tenía insertadas en mi cabeza!

Desde el primer encuentro, nuestra relación de amistad se fundamentó sobre una honestidad casi brutal. Me lo contó todo acerca de ella. Y yo le conté todo acerca de mí. Bueno, casi todo. Obvié un pequeño detalle: que estaba tan loco por ella que tenía que hacer un esfuerzo sobrehumano para llevar mi enamoramiento con cordura. Para ello, me ayudó muchísimo asistir a un curso de fin de semana de Eneagrama, una herramienta de autoconocimiento que significó un nuevo punto de inflexión en mi búsqueda espiritual. Ella fue la primera persona a la que llamé nada más terminarlo, totalmente entusiasmado.

Apenas cuatro meses después de conocerla, vino un día a mi escritorio y se despidió de mí. Sus prácticas en *El País* se habían terminado, pero había conseguido otras en el diario *La Vanguardia*. Me alegré mucho por ella. Y sentí pena por mí. Ya no tendríamos la excusa del trabajo para vernos cada día. Pasaron dos meses antes de que volviera a saber de ella. Me mandó un SMS, convocándome a asistir a una cena de becarios...

Por supuesto, fui encantado. Y directa, como siempre, me comunicó que lo había dejado con su novio. Tuve que emplear mi cara de póquer para aparentar que me parecía un hecho neutro. Esta vez me sentía apenado por ella. Y contento por mí. Empecé a coquetear con la idea de que tal vez tuviera alguna posibilidad de que saliéramos juntos. Por aquel entonces yo tenía veinticuatro años y ella, veinte.

Volvimos a quedar varias veces. Esta vez mano a mano, sin público, sin decorado. Y una noche, mientras la dejaba en el portal de su casa, sentí que había llegado la hora de besarla. Me armé de valor, pero tampoco esta vez fui lo bastante valiente para pasar a la acción. Al menos físicamente. La miré a los ojos y dejé hablar a mi corazón con ternura: «Me gustas mucho». Y al ver que se ruborizaba, añadí: «¿Te puedo dar un beso?». Seguidamente me cogió por la nuca y se abalanzó hasta mis labios. Sé que aquel beso duró apenas unos segundos. Pero fue tan apasionado que durante un instante desapareció el tiempo y sentí fundirme con la eternidad. Lo sé: sigo siendo bastante pasteloso, no apto para diabéticos sentimentales.

EL RETORNO DE CLAY NEWMAN

Madre mía, lo mucho que dos personas que dicen quererse pueden llegar a herirse en el nombre del amor. Del mismo modo que me había sucedido con mis dos anteriores relaciones, también en esta terminó emergiendo el conflicto, las peleas y el sufrimiento. ¿Cómo podía ser que me pasara lo mismo otra vez? Lo bueno de tropezar tres veces con la misma piedra es que esta vez tuve clarísimo que la piedra no tenía la culpa.

Más que victimizarme, terminé asumiendo la responsabilidad de que yo era el que me había tropezado con ella. Comencé a observar con detenimiento la piedra y descubrí que estaba justo ahí, en mi camino, para que aprendiera algo valioso acerca de mí mismo. Así fue como comprendí que aquella roca —mis relaciones con las mujeres— era en realidad mi maestra; un espejo que tenía por función ayudarme a hacer consciente mi parte inconsciente, así como a iluminar mi lado oscuro.

Sea como fuere, a raíz del nacimiento de nuestro segundo hijo, nuestra relación de pareja se adentró en un auténtico Vietnam emocional. Sin duda, yo personalmente necesitaba un revulsivo para remontar la situación y poder así apaciguar la guerra que se estaba librando en mi interior. Fue entonces cuando me vino la idea de escribir este libro. Nuevamente, decidí utilizar mi dolor como fuente de inspiración, iniciando un proceso creativo que me sirviera de catarsis para crecer en sabiduría y co-crear juntos una nueva forma de estar en pareja.

Tal y como hice con mi libro anterior, *El prozac de Séneca*, escribí bajo el pseudónimo de Clay Newman, que en inglés significa «la arcilla de la que surge un hombre nuevo». Se trata de mi *alter ego* literario, un señor mucho mayor que yo, nacido en Nueva York en 1956. Para crear su personalidad y, por ende, un estilo y voz literarios propios, utilicé varios arquetipos psicológicos. Así, convine en que sería un eneatipo 8 ala 7 (según el Eneagrama) y un escorpio ascendente acuario (según la Astrología).

De este modo, me podía soltar la melena y compartir lo que pensaba y sentía sin filtros, dejando rienda suelta a mi parte chalada y excéntrica. Así fue como escribí desde las entrañas el libro que me hubiera gustado leer antes de establecerme seriamente en pareja. Quería que mis propias palabras me confrontaran, me cuestionaran, me sacudieran y me removieran. Y, por supuesto, que también me inspiraran. Para ello, utilicé un lenguaje directo y contundente, soltando de vez en cuando algún taco para provocar y despertar a los lectores más dormidos.

Desde el principio, mi principal objetivo fue cuestionar el molde de pareja tradicional —el cual evidentemente no nos estaba funcionando—, así como compartir reflexiones que permitieran a los lectores liberarse de las cadenas mentales que les impiden mantener relaciones conscientes y verdaderamente satisfactorias. La primera en leer este manuscrito fue *mi* mujer. Y nada más terminarlo, me miró algo decepcionada y me dijo: «La verdad es que no hay para tanto. Conociéndote, pensaba que ibas a liarla mucho más parda». Sin embargo, una semana más tarde me llamó mi editora completamente «escandalizada», reconociéndome que no se atrevía a publicar un libro «tan incendiario».

CREA TU PROPIO ACUERDO DE PAREJA

La primera edición de *Ni felices ni para siempre* se publicó en 2016. En ella incluí un prólogo en el que novelaba de forma dramática y exagerada parte de mi historia personal, empleando la ficción para potenciar el personaje de Clay Newman. Finalmente he decidido salir de este armario literario y publicar esta confesión. Si bien es cierto que a finales de 2017 *mi* mujer y yo nos separamos de forma amistosa y temporal durante cuatro meses, también lo es que al decidir darnos una nueva oportunidad pusimos en práctica muchas de las cosas de las que hablo en este libro.

Durante todos estos años, *mi* mujer y yo hemos cuestionado y desafiado todos los convencionalismos, rompiendo cualquier molde impuesto por la sociedad. A su vez, nos hemos enfrentado a unas cuantas situaciones complicadas y adversas. Sabemos muy bien a qué sabe el cielo. Y también a qué huele el infierno. Lo que nos ha mantenido unidos ha sido nuestra firme convicción de que juntos podemos crecer y disfrutar mucho más que por separado.

A lo largo de nuestro viaje en pareja hemos procurado aprovechar y aprender de lo que hemos vivido para evolucionar como seres humanos. De la mano, pero no atados. Tratando de no encerrar el amor en la cárcel del apego y la dependencia. E intentando, a su vez, no caer en un exceso de egoísmo, individualismo y libertinaje.

Ahora mismo, mientras escribo estas líneas, estoy viendo a *mi* mujer tumbada en el sofá, enfrascada en la lectura de una de sus novelas de ciencia ficción que tanto la conectan. Los dos estamos de acuerdo en que nos encontramos en el mejor momento de nuestras vidas. Hemos co-creado un acuerdo de pareja que honra nuestras respectivas singularidades. Y en el que a medida que pasa el tiempo, cada día hay más amor y más libertad. Somos padres de dos hijos maravillosos: una niña de siete años y un niño de cinco. Hemos salido del pozo y nos sentimos mucho más fuertes y sabios que cuando entramos, capaces de remontar y sobreponernos a lo que la vida nos traiga.

A modo de conclusión, solo añadir que escribir este libro fue otro significativo punto de inflexión en mi proceso terapéutico. En esencia, es una oda al aprendizaje, la sanación y la transformación en pareja. Dado que *mi* mujer y yo somos completamente opuestos y complementarios, he verificado que donde hay gran conflicto hay gran potencial. Mujeres y hombres —ya formemos parejas heterosexuales, homosexuales o del tipo que sea— estamos condenados a comunicarnos y entendernos. Comprender los principios armónicos que posibilitan disfrutar del amor en pareja es el primer paso para construir una familia verdaderamente feliz. Mientras la mayoría sigamos perpetuando el conflicto, la lucha y el sufrimiento en nuestros propios hogares, seguiremos imposibilitando el nacimiento de una sociedad pacífica y amorosa.

En estos momentos me parece muy obvio que vivir lo que he vivido es justamente lo que he necesitado para aprender lo que he aprendido. Mi relación de pareja no solo me ha sanado, sino que como consecuencia me ha transformado. Realmente hoy puedo decir, sin necesidad de ningún pseudónimo, que soy un hombre nuevo. Ironías del destino, los que nos dedicamos a la enseñanza tendemos a compartir lo que más nos ha costado aprender. Y creas o no en el destino, si has leído hasta aquí, quiero que sepas que este libro está escrito para ti.

BORJA VILASECA
Barcelona, 13 de febrero de 2020

II

NADIE PUEDE ENSEÑARTE A AMAR

Sé tú el amor que quieres ver en tu pareja

Es evidente que no soy un gurú del amor, ¡Dios me libre! No tengo un método infalible que ofrecerte. Ni tampoco una fórmula mágica que ponga solución a tus problemas. Me sabe mal, pero no soy experto en relaciones amorosas. No tengo *la* verdad. De hecho, no soy un ejemplo como marido. ¡Pregúntale a *mi* mujer! Ya te avanzo que no tengo nada que enseñarte. Aprender a amar con mayúsculas es un aprendizaje intransferible. Solo tú puedes hacerlo. Depende exclusivamente de ti. El objetivo de este libro es que seas más consciente de los errores que has cometido y que tal vez sigues cometiendo. Y por qué no, compartir herramientas para que sepas evolucionar y transformarte como ser humano. Ojalá te sirva para que te conviertas en una persona madura, responsable, libre, consciente y sabia. Solo así podrás ser el amor que quieres experimentar en tu actual relación de pareja. O en las que están por venir. De ahí que, antes de leer las páginas que siguen, es importante que tengas en cuenta los siguientes principios:

No hay nadie igual que tú

Eres único e irrepetible. Todo lo que hay en ti. Todo lo que forma parte de ti. Todo lo que surge de ti... Todo, absolutamente todo —hasta el mínimo detalle insignificante—, es 100 % genuino. Desde tu cerebro hasta tu cuerpo. Desde tu huella dactilar hasta el color de tus ojos. Desde la expresión de tu cara hasta tu inteligencia. Desde tu tono de voz hasta tu forma de vestirte. Desde tu apariencia externa hasta tu mundo interior. No hay nadie en el Universo que sea idéntico a ti. Lo cierto es que solo tú puedes saber quién verdaderamente eres. Y, por tanto, solo tú puedes verificar qué necesitas para construir un vínculo amoroso que honre tu propia singularidad.

NO EXISTE UN MOLDE DE RELACIÓN UNIVERSAL

Del mismo modo que tú eres especial, los demás también lo son. Tu pareja tiene su propia forma de entender y de disfrutar el amor. El reto es que tú te conozcas a ti mismo y que tu compañero se conozca a sí mismo. Y que ambos os acompañéis en dicho proceso de autoconocimiento. En el momento en que comprendas y honres vuestras respectivas singularidades, podrás determinar si sois compatibles como pareja. En el caso de que decidas que vale más la pena estar juntos que separados, podrás empezar a definir vuestra propia forma original de vincularos. No hagas caso de la propaganda de la sociedad. No existe un molde de relación estandarizado, válido para todos.

NO TE COMPARES CON OTRAS PAREJAS

Dado que no hay —ni puede haber— una sola manera de estar en pareja, ¿de qué coño sirven los consejos? Lo que te cuenten los demás acerca del amor tiene que ver con ellos, no contigo. Su experiencia jamás podrá ser la tuya. ¡Deja de compararte de una puñetera vez! Céntrate en ti. Y luego en la persona a la que has elegido como compañero de viaje. Puede que ahora mismo te sientas algo perdido en el arte de amar. No te frustres. Nadie nace sabiendo. Es más, a todos nos han llenado la cabeza de creencias absurdas acerca de lo que es el amor. De ahí que primero tengas que vaciarte. Deja espacio para lo nuevo. Y los cambios empezarán a suceder de forma natural.

No te metas en los asuntos de los demás

Por más que te muevan buenísimas intenciones, jamás caigas en el error de decirles a otros cómo ser felices estando en pareja. Por más que los veas sufrir, no interfieras en su relación. No te metas ni dejes que te metan. Cada ser humano es capaz de resolver, por sí mismo, sus propios conflictos existenciales. Lo mejor que puedes hacer por una persona que está sufriendo es escucharla empáticamente —aceptándola tal como es—, de manera que pueda desahogarse. Si quiere un cambio de verdad encontrará un medio; si no, una excusa.

No te creas nada de lo que leas en este libro

Frente a las generalizaciones que encontrarás en este libro, adopta una actitud escéptica. Ojalá sepas trasladar y aplicar las reflexiones que siguen a tu situación particular, verificando en qué medida pueden ser útiles para ti. La primera parte pretende *provocarte*, cuestionando el obsoleto modelo de pareja que te ha inculcado la sociedad. La segunda tiene la intención de *removerte*, incidiendo en cómo aprovechar el conflicto con tu compañero para transformarte. Y la tercera tiene la finalidad de *inspirarte*, mostrándote cómo concebir y disfrutar de tu relación de pareja desde una nueva perspectiva, acorde al siglo XXI en el que vives.

III

LA TREGUA DE LOS SEXOS

Cómo lidiar con las generalizaciones de género

Después de casi quince años de viaje compartido, he verificado empíricamente que *mi* mujer y yo somos dos *seres* completamente diferentes. Y no solo a nivel físico y biológico, sino también en un plano psicológico y espiritual. Lo cierto es que nuestras necesidades y motivaciones profundas son muy distintas. Y esto es algo que he comprobado en infinidad de parejas, sin importar su género u inclinación sexual: realmente los polos opuestos se atraen.

Dicho esto: ¿hay diferencias entre hombres y mujeres? ¿Existen cualidades psicológicas inherentes al sexo masculino y al femenino? ¿El género viene de serie o es una invención social y cultural? Soy muy consciente de que me estoy metiendo en un buen berenjenal. Eso sí, antes de que te asalten los prejuicios, déjame que te explique primero por qué lo hago. Y te aviso: para ello voy a ponerme un poco hierbas. Así que, por favor, no te creas nada. Ojalá abras tu mente lo máximo que puedas, atreviéndote a verificar la información que sigue a través de tu propia experiencia.

Lo digo porque voy a compartir contigo una revelación que cambió por completo mi manera de entender las relaciones de pareja. Procede del Taoísmo, cuyo máximo exponente fue Lao Tsé, autor del *Tao Te King*. Según esta filosofía oriental, todo lo que existe en el Universo —incluyendo el ser humano— está formado por dos fuerzas opuestas, complementarias e interdependientes, necesarias para mantener el orden y el equilibrio universal: la energía femenina y la energía masculina, más conocidas como «el yin y el yang». Este concepto está representado a través de este símbolo milenario:

La circunferencia simboliza la realidad, la vida, la existencia, el Universo... Llámalo como prefieras. Y está dividida por una mitad blanca —la cual alude a la energía masculina (yang)— y por otra mitad exactamente igual pero de color negro, la cual alude a la energía femenina (yin). Pues bien, gracias a estas dos polaridades energéticas es posible el cambio, la transformación y la evolución de todos los procesos y todas las cosas que forman parte de la creación.

En esencia, el yin representa el principio femenino, el cual se vincula entre otras muchas cosas con la luna, la tierra, el agua, el otoño, el invierno, la noche, la oscuridad, el frío, el interior, la humedad, la pasividad, la lentitud, la quietud, la relajación, la fluidez, la suavidad, la docilidad, la flexibilidad, la redondez, la expansión, la cooperación, la intuición... Por su parte, el yang representa el principio masculino, el cual se vincula entre otras muchas cosas con el sol, el cielo, el fuego, la primavera, el verano, el día, la luz, el calor, el exterior, la sequedad, la actividad, la rapidez, el movimiento, la tensión, el control, la aspereza, la agresividad, la rigidez, la rectitud, la concentración, la competitividad, la razón...

Como ves, el yin y el yang son energías totalmente opuestas. Eso sí, nada es completamente yin ni completamente yang. Por ejemplo, el invierno se opone al verano, aunque en un día de verano puede hacer frío y viceversa. A su vez, el yin y el yang son interdependientes. No pueden existir el uno sin el otro, del mismo modo que el día no puede existir sin la noche. Forman un equilibrio dinámico: cuando uno aumenta, el otro disminuye.

Por otro lado, todo aspecto yin o yang puede subdividirse en yin y yang indefinidamente. Así, un objeto puede estar caliente o frío, si bien lo caliente puede estar ardiente o templado y lo frío, fresco o helado. Y no solo eso: el yin y el yang pueden transformarse en sus opuestos. Prueba de ello es que la noche se convierte en día, lo cálido en frío o la vida en muerte. Sin embargo, esta transformación es relativa también. Por ejemplo, la noche se convierte en día, pero a su vez coexiste en lados opuestos de la Tierra.

Además, cuando uno crece fuerza al otro a concentrarse, lo que a la larga provoca una nueva mutación. Esta es la razón por la que el exceso de vapor en las nubes provoca la lluvia. Por último, en el yin hay yang y en el yang hay yin. Siempre hay algo de cada uno de ellos en el otro. De ahí que en dicho símbolo aparezcan dos circunferencias pequeñas —una blanca y otra negra—, las cuales habitan en su opuesto complementario.*

La esencia sexual viene de serie

En fin, te lo cuento porque dentro de cada uno de nosotros también existe esta dualidad energética. En un plano muy pro-

* Información extraída de *Wikipedia*.

fundo, todos estamos hechos de energía femenina (yin) y de energía masculina (yang). Desde una perspectiva biológica, las hembras nacen con el cromosoma sexual XX y los machos con el cromosoma sexual XY. Esta es la razón por la que la mayoría de las mujeres cuenta con una esencia sexual femenina más desarrollada, por lo que son más propensas a manifestar la energía yin en sus vidas. Del mismo modo, la mayoría de los hombres cuenta con una esencia sexual masculina más potente y son más propensos a manifestar la energía yang.

Cabe incidir en que esta configuración energética y sexual no solamente afecta a hombres y mujeres en un plano físico y biológico, sino también a nivel psicológico y espiritual. Somos dos polos opuestos que se atraen (y se desean) y que a través de la fricción (y el conflicto) pueden llegar a complementarse (y transformarse). Así, a la energía masculina (yang) le atrae la energía femenina (yin) y viceversa. Y esto es algo que puede verse en la gran mayoría de las parejas, sea cual sea su inclinación sexual. Siempre hay uno de los dos miembros que encarna la polaridad masculina y otro, la femenina.

Te explico todo esto porque a lo largo del libro voy a tender a generalizar, vinculando la energía yang con la esencia sexual masculina y esta, con la gran mayoría de hombres. A su vez, voy a vincular la energía yin con la esencia sexual femenina y esta, con la gran mayoría de mujeres. Curiosamente, cuando una mujer encarna la polaridad masculina, suele emparejarse con un hombre que manifiesta la polaridad femenina. Y lo mismo sucede al revés.

También es cierto que en algunos casos los dos pueden contar con una esencia sexual neutra, lo que sin duda afecta a la calidad de su libido. Así, lo importante es que cada uno honre y potencie los atributos inherentes a su propia esencia sexual. De este modo no solo se acentúa el deseo sexual, sino la satisfacción general que ambos pueden experimentar al relacionarse de forma íntima. Cabe recordar que cada uno ha de integrar la otra polaridad energética, convirtiéndose en una versión mucho más evolucionada, madura y completa.

Soy muy consciente de que estas generalizaciones están muy mal vistas hoy en día y tienden a juzgarse como estereotipos obsoletos y desfasados. Sin embargo, las pocas parejas sanas, cuerdas y realmente felices que conozco se rigen por estos principios esenciales de oposición, complementariedad e interdependencia.

El problema radica en que muy pocos seres humanos se escuchan verdaderamente a sí mismos y son fieles a su auténtica naturaleza esencial. Principalmente porque la cultura ha distorsionado y estigmatizado esta polaridad energética, dando como resultado una guerra de sexos protagonizada por la dualidad «patriarcado versus matriarcado» o «feminismo versus machismo».

Al margen de este tipo de conflictos, que nada tienen que ver con los preceptos de la filosofía taoísta, te animo de corazón a leer las líneas que siguen con la mente muy abierta. Ojalá te animes a verificar dentro de ti cuál de estas dos energías sexuales te es más afín. Y cuál te iría bien entrenar y manifestar más para que en tu relación de pareja la atracción, el deseo, la pasión, el bienestar y la felicidad sean verdaderamente sostenibles con el paso del tiempo.

La tregua de sexos se conseguirá el día que sepamos integrar la energía masculina y la femenina con sabiduría. No hagas caso de lo que la sociedad te dicte. Hazte caso a ti mismo, atreviéndote a seguir tu dicha. Y para lograrlo, nada mejor que el aprendizaje que podemos realizar a través de nuestras relaciones íntimas. Y es que la finalidad de la pareja es transformarnos juntos, creciendo mucho más de lo que podríamos hacerlo por separado. ¡Buen viaje!

Primera parte

LA PAREJA INCONSCIENTE

IV

EN LA CAMA NO SOMOS DOS, SINO CUATRO

Por qué sufres por amor

1

Eres una versión dependiente y limitada de ti mismo

Echa un vistazo a tu ombligo. Ahí reside la clave para comprender el porqué de todo tu sufrimiento. Te habrás dado cuenta de que en realidad es una cicatriz. Al nacer, los médicos se apresuraron en cortar el cordón umbilical que te mantenía unido a tu madre. En ese preciso instante te convertiste, aparentemente, en un ser separado; un trauma del que todavía no te has recuperado. Como bebé recién nacido no podías valerte por ti mismo. Eras completamente indefenso. Para poder sobrevivir, dependías de que otros se ocuparan de saciar tus necesidades. Fue entonces cuando comenzaste a apegarte a tu mamá y a tu papá, así como al resto de tus cuidadores. Ellos eran los responsables de alimentarte, limpiarte, abrigarte y hacer que te sintieras seguro y protegido. Los años fueron pasando, provocando que esa sensación de dependencia extrema se convirtiera en la base sobre la que construiste tu personalidad. La única forma de amor que conociste durante tu infancia fue que los demás te quisieran. Es decir, que actuaran como tú necesitabas que actuaran en cada momento. En caso contrario, protestabas en forma de llantos y pataletas. Movidos por su ignorancia, tus padres te dieron todo lo que creían que necesitabas para crecer sano y feliz. Te hicieron creer que *tú* eras el centro del Universo y que toda la gente tenía que girar alrededor de *ti*. Te acostumbraste a que los demás te priorizaran, satisfaciendo tus deseos y cumpliendo tus expectativas. De hecho, sigues reclamando el mismo trato en todas tus relaciones. Tu dependencia emocional es la causa de que hayas boicoteado, una y otra vez, tus vínculos de pareja. Y también de que tu capacidad de amar se haya visto mermada y limitada hasta el día de hoy.

2

Ignoras profundamente cómo te manipula el ego

Puede que te consideres un adulto. Pero desde una perspectiva emocional sigues comportándote como un niño. Tu herida de nacimiento sigue abierta, por más que físicamente haya cicatrizado. En un nivel muy profundo e inconsciente, sigues sintiéndote indefenso. Sigues necesitando de otras personas para sentirte seguro, querido y feliz. Esta parte de ti tan dependiente se denomina «ego», que significa «yo». Se trata del mecanismo de defensa que fuiste desarrollando para compensar tu insoportable sensación de vulnerabilidad. Así, el ego vendría a ser una coraza, el escudo con el que te has venido protegiendo para sobrevivir mientras no podías valerte por ti mismo. Ego es sinónimo de «personalidad», que a su vez viene de «persona», que quiere decir «máscara». No en vano, se trata de un «falso yo», construido con creencias de segunda mano, muchas de ellas basadas en la ignorancia. Tu gran cagada como ser humano ha consistido en identificarte con tu ego. Es decir, creerte que eres la coraza, el escudo y la máscara que has venido utilizando. Y movido por este instinto de supervivencia, tu actitud egoíca se ha venido manifestando por medio de cuatro rasgos principales: la inconsciencia, el egocentrismo, la reactividad y el victimismo. Fíjate que cuando tu pareja se comporta de un modo que no te beneficia, sin darte cuenta reaccionas mecánicamente, huyendo, atacándola o poniéndote a la defensiva. Tú no eliges actuar así. Es el ego, que irrumpe de forma impulsiva al sentirse nuevamente herido. Su vocecita te envenena con palabras hirientes. Así es como te haces daño a ti mismo, experimentando emociones como el miedo, la ira o la tristeza. Es entonces cuando empiezas a victimizarte, culpando a tu compañero sentimental de hacerte sufrir.

3

Estás completamente enajenado de tu verdadera esencia

El día que tu madre te parió tenías forma de semilla. Si bien las palabras no importan, a este fruto se le suele llamar «esencia», «ser» o «yo verdadero». Por derecho de nacimiento, todo lo que necesitabas para ser feliz vino de serie contigo. Siempre ha estado dentro de ti; contenido en esa semilla que fuiste y que sigues siendo. En tu interior se encuentra la dicha que te has pasado la vida buscando fuera. Obviamente, como bebé jamás te contaron esta verdad fundamental acerca de ti mismo. Tampoco la habrías entendido. Imagínate que siendo un niño pequeño de dos años, lloriqueando por querer que *mami* se quede a tu lado mientras duermes, tu madre va y te dice: «Hijo mío, yo no puedo darte lo que necesitas. Está dentro de ti. Buenas noches». Como ser humano, naciste todavía por hacer. Vulnerable. Indefenso. Desprotegido. Incapaz. Dependiente... ¡Ser un bebé es una ida de olla! ¡Van todo el día drogados de LSD! Necesitaste apegarte a lo externo para sobrevivir internamente. Por aquel entonces, a tu cerebro le quedaba mucho por desarrollarse para adquirir un lenguaje. Y mucho más para poderte comunicar con los demás y contigo mismo. Te has pasado tantos años viviendo inconscientemente —identificado con el ego— que estás desconectado del todo de tu ser. Tu semilla no ha florecido todavía. Es una potencialidad. Por eso no sabes quién eres y estás tan equivocado en lo que crees que necesitas para ser feliz. De hecho, puede que en este preciso instante te sientas vacío e incompleto. No pasa nada. Es natural. Son síntomas de desconexión. Tan solo mira hacia dentro. Recorre el viaje de vuelta hacia tu verdadera esencia. No hay pérdida. Sabrás que has llegado porque ya no buscarás que alguien de fuera te complete.

4

No ves a tu pareja como es,
sino como tú quieres que sea

Cuanto mayor es la desconexión con tu ser, mayor es también la identificación con el ego. Es entonces cuando, cegado por *tus* necesidades, deseos, prioridades, sueños, ilusiones y expectativas, empiezas a deformar la realidad. Ves el mundo a través de unas gafas empañadas por una neblina egoíca. De este modo, te conviertes en un distorsionador profesional de la realidad. Sin embargo, al ignorar tu propia ignorancia, estás convencido de que las interpretaciones egocéntricas y subjetivas que haces de la realidad son la realidad objetiva en sí mismas. Por este mismo motivo, no ves a tu pareja como es, sino como eres tú. Las etiquetas con las que defines a esa persona dicen mucho más acerca de ti que de ella. Te hace de espejo. Al mirarla, te proyectas, viendo tu propio reflejo. Si no te quieres a ti mismo, tenderás a sentirte triste porque *percibes* que no te quiere. Si te sientes inseguro, a menudo la *mirarás* con desconfianza, volviéndote celoso y posesivo. Sin darte cuenta, el ego *recreará* en tu mente escenarios inciertos con los que justificar tu miedo. Si emocionalmente estás en guerra contigo mismo, te pasarás la vida *encontrando* alguna excusa para entrar en conflicto con tu compañero sentimental, perpetuando así tu propio malestar. Y no te engañes: todo ese dolor y todo ese sufrimiento no tienen nada que ver con el amor, sino con el ego. Al vivir tiranizado por este mecanismo de defensa, te es imposible ver a tu pareja. Tan solo ves el reflejo de tus necesidades y deseos no satisfechos. Así que recuerda: ¡en la cama no sois dos, sino cuatro! El inevitable choque de egos os impide vivir y disfrutar de un amor más sano, nutritivo y sostenible.

V

UN MOLDE DE RELACIÓN OBSOLETO

Creencias absurdas con las que has sido condicionado

5

Seguramente te has casado porque es lo que toca

Formas parte de una sociedad enferma de infelicidad, que promueve una educación y un estilo de vida estandarizado, a imagen y semejanza del ego. Es decir, de la parte más primaria, instintiva y animal de nuestra condición humana. De ahí que mires donde mires abunda el conflicto, la lucha, el malestar y la insatisfacción. No te dejes engañar por lo que ves en la superficie. La sociedad también cuenta con su propia máscara. Mira más hondo. Quítale a la gente el fútbol, la religión, la televisión, el móvil, las redes sociales y los antidepresivos y verás el estado neurótico en el que malviven muchos. Es tal el miedo al cambio, el rechazo a lo nuevo, la oposición a lo diferente y la aversión a lo desconocido, que las nuevas generaciones tienden a perpetuar la ignorancia de sus antecesores con tal de no rebelarse contra el orden social establecido. ¡Pobre de ti como se te ocurra romper con «lo que toca» y atreverte a seguir tu propio camino! ¡No te lo perdonan! Para que no se te ocurra semejante *locura*, el sistema educativo se ha encargado de mutilar tu autoestima, castrar tu confianza y aniquilar tu creatividad. Prueba de ello es que —al igual que tú— la inmensa mayoría de las personas se sienten perdidas, sin saber exactamente qué hacer con sus vidas. Sé honesto contigo mismo: ¿por qué coño te casaste? Y si no lo has hecho todavía, ¿por qué te quieres casar? ¿Qué harías con tu vida sentimental si de pronto toda la gente que conoces y te conoce se muriera de un día para el otro? Tu manera de concebir el matrimonio no es tuya; es de la sociedad. Libérate de toda la ponzoña que te han contado acerca del amor en pareja y atrévete a escuchar a tu corazón. No hagas las cosas porque toca hacerlas, sino porque te *tocan* a ti.

6

Tu madre y tu padre viven dentro de ti

La presión, el condicionamiento y la influencia que ejerce la sociedad sobre ti es tan aplastante como imperceptible. Se lleva a cabo a través de tus padres. Del mismo modo que no has elegido tu nombre, tu idioma ni tu equipo de fútbol, tampoco has elegido tu manera de concebir las relaciones de pareja. Casi todo lo que sabes acerca del amor lo has mamado en casa. Tu principal modelo de referencia ha sido el ejemplo que te han dado tus padres. ¿Cómo se trataban entre ellos? ¿Y cómo te trataron a ti? ¿Realmente se amaron? ¿Te amaron a ti? Lo que tus padres se dieron es, en gran parte, lo que te dieron; al menos lo más significativo que recibiste de ellos. Y a menos que fueran de verdad felices, difícilmente pudieron ser cómplices de tu felicidad. De hecho, es posible diferenciar entre aquellos niños y adultos que solo recibieron leche, y aquellos que recibieron leche y amor. No es lo mismo que hayas sido hijo de una persona equilibrada que de una amargada. La presencia amorosa de tus padres —o su falta de ella— ha dejado una huella muy profunda en tu conciencia. Y sus respectivas personalidades han influido en el desarrollo de la tuya. Puede que tu madre fuera muy miedosa y te sobreprotegiera en exceso. O que tu padre fuera adicto al trabajo y estuviera prácticamente ausente. El tipo de relación de pareja que mantuvieron tus padres condiciona la que mantienes con la tuya. Esa es tu auténtica herencia genética y genealógica. Además, debido a la enfermiza necesidad de aprobación, muchas de las decisiones que has tomado en el nombre del amor han sido para contentar a papá y a mamá. O tal vez para disgustarles, una conducta todavía más infantil. Y lo mismo le sucede a tu pareja. La incómoda verdad es que no dormís solos. En la cama también están vuestros padres.

7

Eres víctima de Hollywood y de Disney

Has nacido en una generación tremendamente hipócrita y naif. Prueba de ello son las películas de Hollywood. A lo largo de noventa minutos, los actores y actrices de moda encarnan el ideal de hombre y mujer que promueve la sociedad de entretenimiento en la que vives. Son guapos. Inteligentes. Generosos. Divertidos. En fin, magníficas personas, de esas que abundan por doquier en cualquier bar de la esquina. Cómo no, se conocen de casualidad, se enamoran de forma épica, mantienen encuentros amorosos de lo más glamurosos —con momentos de sexo impecablemente ejecutados— y comienzan una relación de pareja casi perfecta. Déjame que te recuerde que estas pelis que tanto te gustan son pura «ficción», enmarcadas, a menudo, en el género «romántico». A día de hoy, los filmes realistas sobre relaciones de pareja figuran todos ellos en la sección de «drama». ¡Nadie quiere verlas! ¡Tú tampoco! ¡Bastante tienes ya con lo tuyo! Y qué decir de los increíbles finales de los dibujos de Walt Disney, en los que la princesa siempre encuentra a su príncipe azul y viven felices para siempre. ¡Qué casualidad que justo cuando va a comenzar la convivencia se terminen este tipo de películas! Así es como te pierdes la parte más interesante: el conflicto, el sufrimiento y su auténtico e irremediable final... ¿Lo dudabas? La mutua indiferencia o la violenta separación. Sea como fuere, movido por estos mensajes subliminales, la historia de tu vida amorosa se titula: «En busca de mi media naranja». Desgajado, sueñas con que aparezca tu otra mitad, exclusivamente hecha para ti. Te cuentas a ti mismo que solo entonces superarás la sensación de vacío y separatividad, pudiendo sentirte, al fin, una naranja completa. Ja, ja, ja. ¡Menuda gilipollez! ¡Esto sí que es comedia, y de las buenas!

8

¿El día más feliz de tu vida?

Existe una convención social muy establecida: la de considerar que el día más feliz de tu vida fue el de tu boda. ¡Venga ya! ¡¿Qué me estás contando?! A través de este evento se manifiesta el poder económico de los padres de los novios, quienes —al financiar este costoso acontecimiento— también deciden directa e indirectamente cómo debe realizarse. ¿Y qué decir de la novia? Desde la organización hasta la celebración se muestra serena y relajada en todo momento, sin obsesionarse con lograr «la boda perfecta». Ironías aparte, la mayoría se desquicia por completo durante el proceso... Además, en el instante en que compartes con tu familia y amigos que te casas, parece como si la gente que supuestamente más te quiere tuviera carta blanca para decirte lo que piensa sin tener que pensar en lo que dice. De pronto resulta que todos son expertos en la materia, tratando de imponerte su opinión sobre cómo debería ser tu boda. Y cómo no, suelen empezar por su tema preferido, que también es el más morboso: a quién deberías (o no) invitar. ¡Aquí el ego se pone las botas! Es entonces cuando te das cuenta de que casarse es, en efecto, un acontecimiento puramente social. Tiene más que ver con tu entorno que contigo. Lo que cambia —y mucho— es la percepción que tiene la gente que te rodea sobre tu relación sentimental. El padre de tu pareja se convierte en tu «suegro», dándote su primer abrazo de verdad. Al mismo tiempo, los hermanos de tu esposo te confirman que *por fin* sois «cuñados». Declarar tu amor ante un cura o un juez no da como resultado un matrimonio; tan solo un contrato. Es decir, un papel que establece unos derechos y unas obligaciones entre los dos cónyuges, los cuales firman por mutuo acuerdo. El verdadero matrimonio es otra cosa.

VI

RADIOGRAFÍA DE LA PAREJA ACTUAL

La oscura realidad que nadie te cuenta

Tu relación de pareja no funciona

No existe ninguna otra actividad que se inicie con tantas expectativas y esperanzas y que fracase tan a menudo como la relación de pareja. El amor se ha convertido en una de las experiencias más raras y excepcionales. Encontrar a dos personas que después de muchos años juntos irradien felicidad y se relacionen entre ellos con admiración, respeto y pasión es un fenómeno casi inaudito. Lo cierto es que el ego —y el de tu compañero— boicotean cualquier posibilidad real de que os podáis amar. Por el contrario, os pone en desacuerdo y conflicto constantemente, instaurando las discusiones, las peleas y las broncas en el seno de la pareja. Cansado e impotente por no saber cómo relacionarte de forma pacífica, empiezas a separarte de tu compañero sentimental, aunque sigas durmiendo a su lado. Y así es como el amor —si lo hubo— muere poco a poco de inanición. La sociedad contemporánea sigue siendo tan inconsciente que en algunos entornos fomenta que las personas empiecen a convivir después de casarse. ¡Espero que no hayas sido una de ellas! ¡Menuda locura! Si bien la luna de miel te ayuda a recuperarte del estrés derivado de la boda, al llegar a tu hogar retomas —en el punto en el que lo dejaste— uno de los grandes desafíos de tu vida: la convivencia con tu pareja. Es decir, el largo y espinoso camino de descubrir la verdad sobre la persona con la que has elegido compartir tu existencia. Que alguien me explique cómo vas a sobrevivir emocionalmente a los numerosos desafíos, dificultades y adversidades inherentes a una relación de pareja si no tienes el conocimiento ni las herramientas para gestionarlos con inteligencia emocional. Reconócelo: tu relación de pareja hace tiempo que no funciona. Abre tu mente para tratar de comprender por qué.

10

Deja de engañarte: tu pareja no puede hacerte sufrir

En ocasiones dices cosas que hieren a tu compañero, quien suele reaccionar hiriéndote a ti. Es una dinámica muy común: la de «ofender y sentirse ofendido». Estás convencido de que tu pareja te hace sufrir. Por eso la culpas de tu malestar e insatisfacción. A su vez, ella considera que tú le haces sufrir. De ahí que te culpe a ti de lo mismo. Y hay algunas parejas que se pasan la vida en esta rueda sin fin... La lucha y el conflicto se perpetúan debido a una creencia infantil, completamente falsa: «La causa de mi sufrimiento está fuera de mí». ¡Es mentira! ¡Está dentro! Al tener tanto miedo a que los demás te hagan daño, vives tras la coraza del ego. Y si bien te protege, también te lleva a vivir a la defensiva. Por eso eres tan susceptible y reactivo frente a la actitud de tu pareja. Así, cuando dice o actúa de tal modo que no te beneficia —o directamente te perjudica—, reaccionas de forma impulsiva. Y con cada reacción te hieres a ti mismo, tomándote un chupito de cianuro. Literalmente. Es entonces cuando, movido por tu ignorancia, adoptas la actitud de víctima, culpando al otro de lo que tú te acabas de hacer. Recuérdalo: la realidad es neutra. Lo que no es neutro es la interpretación subjetiva y distorsionada que hace el ego de los hechos en sí, creando tu propia experiencia sobre lo sucedido. Aquello que no eres capaz de aceptar de tu pareja es la única causa de tu sufrimiento. Nadie nunca te ha hecho sufrir. ¡Es imposible! De hecho, nadie puede herirte emocionalmente sin tu consentimiento. El infierno está en tu mente. Suelta ya el victimismo y deja de culpar a tu pareja de una vez. Asume tu parte de responsabilidad y mírate en el espejo: comienza por cambiar lo que depende de ti. No hay otra fórmula.

11

Madura de una vez: tu pareja no puede hacerte feliz

La gran mentira contemporánea es que el bienestar, la plenitud y la abundancia están fuera de ti. Y cuanto más te enmarañas en la farsa que promueve este sistema, más te vas desconectando de tu *ser*, el único lugar donde reside la verdadera felicidad. El hecho de que consumas mucho más de lo que necesitas pone de manifiesto tu vacío existencial. Al haberte perdido en el laberinto del materialismo, te has pasado parte de tu vida alienado y anestesiado, enajenado de tu *bien-estar* interno. Irónicamente, la opulencia —tener en exceso y querer más— se ha convertido en una enfermedad contemporánea. Y es que cuanto mayor es la desconexión de tu esencia, mayor es también la sensación de carencia, escasez, pobreza e incluso miseria. Esta es la razón por la que no importa cuán abundante sea el *bien-tener* que poseas. A menos que vivas en contacto con tu riqueza interna, seguirás echando de menos *algo* para sentirte completo. Y ahora mismo, proyectas ese *algo* en el amor, sin duda alguna, la *religión* con más fieles y seguidores. Tienes una fe ciega en que tu pareja va a proporcionarte la felicidad, la seguridad y el valor que no encuentras en tu interior. Buscas en tu compañero lo único que no puede darte. Me sabe mal ser yo quien te lo diga: nadie puede hacerte feliz. Del mismo modo, tú tampoco puedes hacer feliz a nadie. ¡Nunca lo has hecho! No tienes ese poder. Tu mentalidad está tiranizada por otra creencia tan irracional como falsa: «La causa de mi felicidad está fuera de mí». Por eso esperas que tu pareja satisfaga tus necesidades, sacie tus deseos y cumpla tus expectativas. ¿A eso lo llamas tu «amor»? Es como si renunciaras a sentir dicha por ti mismo y, en su lugar, pusieras tus esperanzas de bienestar en manos ajenas. ¡Cagada total!

Eres preso de una relación que te impide relacionarte

La sociedad no solo te presiona para que vivas en pareja, sino que te obliga a vivir con ella en un «domicilio conyugal», tal como establece el artículo 68 de la Constitución Española. Pero ahí no acaba la cosa. Según el código penal de este país, «el incumplimiento de esta obligación puede dar lugar a un delito de abandono de familia». Es decir, que por cojones *tienes que* pasar tiempo con tu compañero sentimental aun cuando —por los motivos que sean— no te apetezca estar con él. Irónicamente, si escapas de la *prisión* en la que has convertido tu matrimonio puedes terminar en una cárcel de verdad. La rigidez y encorsetamiento a la que está sometida tu relación te impide relacionarte con tu pareja. La «relación» es algo fijo, estático, basado en una rutina que promueve una serie de costumbres y hábitos, fomentando el «cada día lo mismo». Con el tiempo provoca que te hartes de la monotonía, dando a tu pareja por sentada. En cambio, «relacionarse» es un proceso natural, orgánico e incierto, como la vida misma. Consiste en dejarse sorprender, creando las condiciones necesarias para que pueda suceder algo nuevo cada día. Sin ser consciente de ello, en el nombre de la relación estás destruyendo la libertad del otro, negando y reprimiendo su propia individualidad. ¡Déjale espacio! Si tu pareja llega tarde un día a casa, no hay necesidad de preguntarle dónde ha estado o por qué regresa a esas horas. ¡Tu pareja es un individuo libre! ¡No tiene que darte explicaciones! Muchas de tus peleas comienzan por pequeñeces como esta. Y ponen de manifiesto la oscura raíz del problema: no estás dispuesto a permitirle al otro disfrutar de su libertad. Por eso intentas que se sienta culpable. Esa es tu mediocridad más denigrante.

VII

EL MIEDO A LA SOLEDAD
Razones estúpidas para querer estar en pareja

13

Prefieres estar mal acompañado que solo

La soledad está muy mal vista en nuestra sociedad. Tiene muy mala prensa. ¿Qué pasa con las personas de más de treinta años que siguen solteras? ¿Y qué decir de las de cuarenta? ¿Cómo suelen sentirse por dentro cuando ven al resto de sus amigos casados? ¿Y cómo se habla de ellas a sus espaldas por el hecho de no estar comprometidos con alguien de alguna manera? Según la *forma* de pensar convencional, algo erróneo debe de haber en la gente que *todavía* no se ha establecido como pareja *formal*. ¿Por qué será? Algo oscuro debe de haber, ¿no? Lo cierto es que aquí tenemos un problemón social. A ti, como al resto, te aterra profundamente la soledad. Es decir, el espacio y el tiempo que dedicas a relacionarte íntimamente contigo mismo, entrando en contacto con tu mundo interior. ¿Cuánto tiempo destinas cada día a estar realmente contigo mismo sin evadirte? ¿Qué sientes cuando estás a solas, en silencio y sin estímulos externos con los que distraerte? Y en definitiva: ¿eres consciente de que huir de ti mismo no es la solución, sino el problema? Por más que mires hacia otro lado, es imposible escapar de ti eternamente. Tarde o temprano no te va a quedar más remedio que pararte y ver qué ocurre en tu interior. Sin embargo, hasta que la sensación de vacío devenga insoportable vas a tratar desesperadamente de aliviar los síntomas. De los numerosos parches de los que dispones a tu alcance, uno de tus preferidos es aferrarte a un vínculo sentimental. Así, tu afán de estar en pareja no se basa en el amor al otro, sino en el miedo a estar solo contigo mismo. Muchas veces buscas en un compañero sentimental el antídoto contra tu soledad; sin embargo, en demasiadas ocasiones el remedio resulta mucho peor que la enfermedad. ¿Te suena de algo?

14

Como no te amas, buscas que te quieran

La madre de todas tus neurosis y patologías es que te has pasado demasiado tiempo negando tu ser. De ahí que sientas un inmenso vacío. Y que mires en la dirección equivocada, pretendiendo inútilmente taparlo con otra persona. Y es que no hay amor suficiente en este mundo para sanar el dolor que sientes por no amarte a ti mismo. Piénsalo bien: ¿cómo vas a poder dar amor a tu pareja si no tienes nada que ofrecer? Solo puedes dar lo que tienes. Y solo tienes lo que te das a ti mismo primero. Para amar a otro ser humano has de empezar por amarte a ti. Tu frustración es que no sabes cómo hacerlo. En la escuela te dijeron aquello de «amar al prójimo como a ti mismo». El problema es que intercambiaste el orden. Lo cierto es que nadie te ha enseñado nunca cómo amarte, con lo que no tienes ni idea de lo que es el verdadero amor. La educación emocional sigue siendo una de las grandes lagunas del sistema educativo tradicional. ¡Los colegios son fábricas de analfabetos y mendigos emocionales! No es casualidad que, movido por tu desconexión interna —así como por tu miedo a la soledad—, entres en el *mercado del amor* desde la carencia y la escasez. Y con el objetivo de compensar esta herida de nacimiento, has ido desarrollando un ego, una personalidad, un personaje con el que lograr que los demás te quieran. ¡La de cosas que has hecho para que los demás piensen bien de ti! O peor aún: ¡la de cosas que has dejado de hacer por el mismo cochino motivo! Tu pobreza consiste en necesitar y depender de otro ser humano para poder sentirte bien. El tipo de relaciones de pareja que atraes a tu vida son un reflejo de cómo te relacionas contigo. Ámate a ti mismo con todo tu corazón y no volverás a sentirte solo. Empieza hoy mismo.

15

Eres adicto a la locura que genera el enamoramiento

¡Qué bonito es estar enamorado! ¡Qué excitación! Cada vez que suena el móvil se te remueven las tripas. ¡Menuda euforia experimentas cuando es él o ella! Y qué decir de los morreos que te pegas. *Bocatto di cardinale!* De pronto estás lleno de vitalidad y de energía. Y en tu rostro se dibuja una sonrisa de oreja a oreja. Es entonces cuando te sientes en el cielo. En cambio, cuando no contesta tus llamadas u os enfadáis, enseguida empiezas a comerte la olla. Todos tus demonios internos se ponen de acuerdo para llenarte de miedo y ansiedad. ¡Menudo tormento! Es entonces cuando todo se funde a negro, abriéndose la puerta que puede conducirte al infierno... Cuanto más profunda es tu sensación de vacío y soledad, más propenso eres a enamorarte. Te vuelves un yonki de «los primeros encuentros», aferrándote a la ilusión que te produce conocer a una persona nueva. Esta búsqueda constante de excitación te lleva a fantasear con ese príncipe o esa princesa capaz de hacerte sentir mariposas en el estómago. En el fondo es una huida de tu propia insatisfacción. Y entonces ¿qué es el enamoramiento? Es una reacción bioquímica del cerebro orientada a obsesionarte con una sola persona, de manera que puedas mantener las suficientes relaciones sexuales con ella para procrear, garantizando así la supervivencia de la especie. Al estar enamorado se activan los mismos circuitos neuronales que cuando esnifas cocaína. Te bloquea la razón y el intelecto, sumergiéndote en un estado de locura y euforia temporal muy intensa. Completamente drogado por tu biología, comienzas a idealizar al otro, proyectando sobre él tu ideal romántico de pareja. Te enamoras de una fantasía. Y son tales las expectativas, que la hostia es tan inevitable como dolorosa.

Crees que tu vida solo tendrá sentido en pareja

Buscas compañía para calmar tu miedo a la soledad. También esperas que te quieran para suplir tu falta de amor. Y mientras, fantaseas con la idea de volver a drogarte de enamoramiento. Sin embargo, la razón más poderosa que te mueve a estar en pareja es otra. Estás totalmente convencido de que tu vida solo gozará de sentido si la compartes en pareja. Se trata de una convención tan aceptada e integrada en el inconsciente colectivo que la das por verdad absoluta. Sin embargo, cada vez que te encuentres pensando del mismo modo en que lo hace la mayoría, es fundamental que hagas una pausa y te tomes tu tiempo para reflexionar. ¿Dónde está escrito que *tengas que* compartir tu existencia con otra persona? ¿Acaso es mejor que vivir sin pareja? Todo depende de quién seas tú y de cuáles sean tus auténticas necesidades y motivaciones. Recuerda que eres único. No estás aquí para llevar el mismo estilo de vida que el resto. Ni tampoco para vivir las mismas experiencias. Hay quienes están destinados a casarse y tener hijos. Otros, tan solo a estar en pareja. Y seguramente haya unos cuantos —más de los que imaginas— que hayan venido a este mundo a relacionarse con muchas personas diferentes, manteniendo distintos niveles de compromiso e intimidad. No te dejes engañar por la sociedad estandarizada en la que vives. Solo tú puedes saber para qué tipo de relación estás hecho. Da igual lo que te digan o lo que te cuenten. Simplemente mira a tu alrededor. Aprende a leer entre líneas. Muy pocas parejas son felices compartiendo sus vidas. ¡Es una neurosis colectiva! No encontrarás un lugar con más conflicto y sufrimiento que en el seno de un matrimonio convencional de dos personas que en realidad no quieren estar juntas. Nadie te lo reconocerá, pero es lo normal.

VIII

EL CÍRCULO VICIOSO
DE LAS PAREJAS TÓXICAS

Actitudes que imposibilitan el amor y la libertad

17

Tu relación es una cárcel de máxima seguridad

¿Has escuchado alguna vez con detenimiento la letra de las canciones pop que tanto te gustan? ¿Te has dado cuenta de las perlas de sabiduría que incluyen sus estribillos? Me refiero a afirmaciones como «sin ti no soy nada», «tú lo eres todo para mí» o mi favorita: «No puedo vivir contigo ni sin ti». Y entonces ¿cómo coño lo hacemos? Que alguien me lo explique. Por más románticas que te puedan parecer, todas ellas esconden un denominador común: están escritas por el ego. De ahí que te recuerden aquellos momentos de melancolía, tristeza y depresión que has experimentado durante tus relaciones sentimentales... Por más que los años te hayan convertido en un adulto, puede que sigas viviendo el amor de un modo infantil. Sin ser muy consciente de ello, te has conformado con sucedáneos como el «apego» o la «dependencia». Dado que sigues sin saber cómo darte lo que necesitas para sentirte bien por ti mismo, dependes emocionalmente de tu pareja. La necesitas, creyendo ciegamente que es tu felicidad. Por eso te aferras a ella, utilizando todo tipo de barrotes y cadenas invisibles para mantenerla atada a toda costa, pase lo que pase. Es entonces cuando conviertes al otro en el centro de tu existencia. De pronto tu bienestar está sujeto a cómo tu compañero se relaciona contigo. Por más que te duela reconocerlo, lo que llamas «felicidad» es en realidad tu cárcel. No es casualidad que en un matrimonio convencional el hombre se convierta en «esposo» y la mujer, en «esposa». ¡Más claro imposible! El apego y la dependencia emocional te convierten en esclavo de tu pareja. Tanto, que ni te atreves a separarte, llegando en casos extremos a justificar y perpetuar una relación marcada por el conflicto, la lucha y el sufrimiento.

18

Concibes a tu pareja como una propiedad privada

Al creer que tu felicidad depende de la persona que quieres, destruyes cualquier posibilidad de amarla. Menuda ironía. Bajo el embrujo de esta falsa creencia, tienes tanto miedo a perder a tu pareja que empiezas a adoptar comportamientos defensivos y ofensivos. Es entonces cuando aparecen la «posesividad», el «control» y los «celos». Esta palabra proviene del griego *zelos*, que significa «recelo que se siente de que algo te sea arrebatado». Todas estas actitudes tóxicas revelan que ves a tu compañero sentimental como algo que te pertenece. Cuando lo ves hablando y riendo en compañía de alguien atractivo del sexo opuesto, se activa tu parte más animal y primitiva. En esas ocasiones, te gustaría orinar a su alrededor, como diciendo «¡Es mío!». Y no solo eso. En tus sueños más animales desearías que tu nombre estuviera tatuado en su cuerpo junto al epígrafe: «Propiedad privada». Madura de una vez. La persona con la que compartes tu vida no es tuya. No te pertenece. Está contigo porque quiere. Lo ha decidido libre y voluntariamente. Y es que no hay nadie en este Universo hecho para ti, del mismo modo que tú no estás hecho para nadie. El amor no es celoso. ¡El celoso eres tú! Y lo eres porque sigues tiranizado por el ego. Estás pensando en ti, en tus necesidades, no en las del otro. ¿Acaso *esto* es amor? La verdad es que todos tus ataques de celos son infundados. Ponen de manifiesto el tamaño de tus carencias e inseguridades. La *divertida* paradoja es que son una invitación a la infidelidad. Actúan como una profecía autocumplida. Te llevan a conseguir lo contrario de lo que pretendes: perder a tu pareja en lugar de mantenerla. A partir de ahora, cuando digas «mi marido» o «mi mujer», por favor, pon el «*mi*» en *cursiva*.

Pretendes que tu pareja cumpla tu ideal de perfección

Ahora que no está delante de ti, reconócelo: hay ciertas actitudes y conductas de tu pareja que te sacan de quicio. Si tuvieras una varita mágica, no dudarías en utilizarla para cambiar aquellos rasgos de su personalidad que tanto te molestan. Tranquilo. No te sientas mal. A tu compañero sentimental le pasa exactamente lo mismo. ¡Hay aspectos de ti que no soporta! Por más que le digas lo mucho que la quieres, la triste realidad es que no aceptas a tu pareja tal como es. No respetas sus pequeñas idiosincrasias ni tampoco honras su singularidad como ser humano. Quieres cambiarla para acomodarla a la idea que el ego tiene sobre cómo debería ser. Inconscientemente, esperas que tus expectativas se vean cumplidas; si no hoy, algún día. De este modo, provocas tres resultados completamente autodestructivos: en primer lugar, tú te frustras por jamás lograr que cambie. Seguidamente, tu compañero se siente cada vez menos valorado y querido. Y por último, los dos comenzáis a juzgaros y criticaros constantemente. Es entonces cuando parece que os hayáis unido para arruinaros la vida el uno al otro. ¡Rompe este círculo vicioso! Comprende que tu pareja es como es. Y es bastante posible que no cambie nunca. Si no te gusta, déjala. No caigas en el error de idealizarla. Y deja de intentar cambiarla. Eso es violencia, no amor. Además, es una batalla de antemano perdida. No busques al hombre o a la mujer perfectos. En el caso de que los encuentres, puede que él o ella también estén buscando a la pareja perfecta. Y no te ofendas, pero lo más seguro es que no seas tú. La mujer y el hombre perfectos no existen. ¡Dios nos libre! Quienes están a punto de conseguirlo devienen personas neuróticas, enfermizas y muy poco amorosas.

Piensas que puedes hacer lo que te dé la gana

El apego, la dependencia, la posesividad, las expectativas y las exigencias suelen instaurarse en el núcleo de tu relación. Por eso es inevitable que tarde o temprano acabes hasta los tomates de tu pareja. Solo entonces te liberas de la culpa que te impedía hacer lo que te diera la gana, permitiéndote ser «egoísta». ¿Acaso no lo fuiste todo el tiempo? Aunque la sociedad te haya hecho asociar esta palabra con ser «mezquino», «ruin» e incluso «mala persona», es difícil encontrar a alguien que no lo sea. De hecho, tildas de «egoístas» a quienes piensan más en sus necesidades que en las tuyas. Lo cierto es que ser egoísta no es bueno ni malo; es necesario. Necesitas pensar en ti para sobrevivir física y emocionalmente. En el fondo, todo lo que haces es por ti. ¿Por qué te emparejaste en primer lugar? Al analizar las motivaciones que residen detrás de tus decisiones y conductas, siempre encontrarás una ganancia —por pequeña que sea— que justifica que las hayas llevado a cabo. Ahora bien, en función de cuál sea tu nivel de consciencia y tu grado de comprensión, este egoísmo puede vivirse de formas muy diferentes. La más común se denomina «egoísmo egocéntrico». Hechizado por tus deseos y expectativas, no tienes en cuenta las necesidades de tu compañero. Te priorizas siempre a ti primero. Y te empachas tanto de ti que dejas de verlo. Irónicamente, cuanto más egocéntrica es tu visión del mundo, más tachas de egoístas a quienes te rodean; eso sí, encontrando siempre excusas para justificar tu propio egoísmo. Relacionarse con alguien no quiere decir depender, pero tampoco ir a tu bola. El equilibrio se logra empleando la herramienta de la comunicación para llegar a acuerdos y pactos que fomenten el amor y la libertad en pareja.

IX

LA HORA DE DECIR ADIÓS
Indicadores para saber si tu relación ha terminado

21

No valoras ni cuidas a tu pareja: la das por sentada

Hay muchas parejas que siguen viviendo juntas, aunque completamente separadas. Lo cierto es que la mayoría de las personas que se han divorciado solemos confesar —una vez ha transcurrido el tiempo— que podrían haber roto dicha relación muchos años antes. De ahí que ahora mismo puede que estés con alguien con quien ya no quieras seguir estando. Existen varios indicadores infalibles para saber si tu relación ha terminado. Uno de ellos es que «das por sentada a tu pareja». Crees que siempre estará a tu lado, hagas lo que hagas. Ya no tiene mucho valor para ti. Por eso no la cuidas. Ni la mimas. Ni te lo curras como al principio. En su día te la ligaste. ¡La tuviste que conquistar! Pero en el momento en que la conseguiste, poco a poco fue muriendo el romance. Que nadie se confunda: la llama de la pasión no decae cuando te casas, sino cuando se deja atrás el noviazgo. Es decir, cuando lenta e imperceptiblemente desaparece el coqueteo, el galanteo, la seducción, los arrebatos, las sorpresas, los detalles, los besos, el afecto, las caricias y la ternura. Y al apagarse definitivamente, terminas acomodándote a la ley del mínimo esfuerzo. Tu relación funciona igual que una flor. Si no la riegas, termina marchitándose. Y en este caso no se puede delegar en ningún riego automático. ¡Tampoco se puede subcontratar! Mantener vivo el amor requiere de tu voluntad y de tu compromiso, una actitud que no puede forzarse ni imponerse. Es una decisión personal de cada uno. Y no tiene nada que ver con pasar por un juzgado o por una iglesia. No es un tema legal ni religioso. Es algo mucho más profundo. A menos que te sientas agradecido por compartir tu vida con tu pareja te será imposible valorarla como se merece y, en consecuencia, será inevitable que la acabes perdiendo.

22

Te aburres tanto a su lado que prefieres discutir

Has pasado tanto tiempo junto a tu pareja —tal como exige la ley— que el exceso de convivencia te ha terminado pasando factura. Es en este punto donde aparece otro indicador irrefutable de que la cosa se ha acabado: «no sabes de qué hablarle». Te dedicas a ver la tele a su lado, así como a quedar con otras parejas con las que matar el tiempo. De forma forzada, casi para disimular la distancia entre vosotros, te dices que tenéis que hacer algún plan romántico. Y te vas a cenar a un restaurante con velas. Sin embargo, son tales las expectativas de que esa noche *tenga que ser especial*, que de pronto te quedas en blanco. No se te ocurre nada interesante que decirle, más que hablarle sobre lo que has hecho durante el día. Es decir, el mismo disco rayado de siempre, el cual no da ni para media conversación. Al poco rato te limitas a comer, a beber y de tanto en tanto a observar al resto de parejas que cenan a vuestro lado. Puede que incluso trates de escuchar lo que dicen, aunque solo sea para poder comentar lo que has oído entre vosotros. Ya no hay ni comunicación ni estimulación intelectual, si es que alguna vez la hubo. Has perdido el interés y la curiosidad por seguir indagando acerca del ser humano que tienes delante de ti. Es entonces cuando el silencio empieza a hacerse escuchar. Y es de lo más elocuente. Por eso te sientes tan incómodo. Incluso que te grite tu pareja te parece una sensación más agradable. De hecho, llega un momento en que estás tan cansado y aburrido de tu compañero que prefieres discutir y pelear sobre cualquier minucia antes que sentir el insoportable vacío entre vosotros. A partir de ahí la relación se vuelve masoquista: al aflorar lo peor de vosotros, empezáis a maltrataros el uno al otro.

23

Ya ni te acuerdas de la última vez
que te excitaste sexualmente

Vayamos a la madre de todos los indicadores irrebatibles para verificar *científicamente* que tu relación ha llegado a su fin. A ver, cómo decirlo de forma sutil y elegante, para que no te ofendas ni te escandalices. Tu relación ha muerto si hace mucho tiempo que no... Empieza por «f». Llámalo «hacer el amor», si así te sientes mejor. E intuyes que todavía ha de pasar un poco más para que volváis a meteros en la cama y disfrutar de verdad. Si es que eso es posible que vuelva a suceder. En el caso de que ya ni te acuerdes de la última vez que tu compañero te puso cachondo, que sepas que tu pareja se ha convertido en otra cosa. ¿Compañero de piso, tal vez? ¿Padre de tus hijos, quizás? ¿Socio de tu empresa familiar, a lo mejor? Es cierto que seguís manteniendo ciertos roles que os hacen estar en contacto permanente. Sin embargo, no tienen nada que ver con las personas que se enamoraron y decidieron compartir su vida juntos. Ya no queda ni rastro de vosotros. La atracción y el deseo se han esfumado. Y no es para menos. De tanto practicar sexo con una misma persona —y de tanto practicarlo de un modo mecánico y repetitivo—, se pierde la gracia del asunto. De pronto os convertís en dos individuos que rozan y estimulan sus genitales el uno contra el otro, buscando cada uno su propio placer. Se trata de un comportamiento tan primario como inconsciente. Es una forma más de evasión. No es nada malo. Pero tiene consecuencias. Con el tiempo te desexualizas, perdiendo la motivación y el deseo por acostaros juntos. Es como si te supieras el cuerpo de tu pareja de memoria. De ahí que fantasees con la idea de mantener relaciones sexuales con otras personas. Si es que no lo has hecho ya.

24

No pospongas lo inevitable:
atrévete a poner fin a tu relación

No vale la pena que te apegues a la idea del amor para toda la vida. Es simplemente una idea. Bastante absurda, por cierto. Lo peor es que te la has creído. Que *pueda serlo* no quiere decir que *tenga que serlo*. Quiérete un poco y haz lo que sabes que llevas tiempo posponiendo. No justifiques ni un día más tu infelicidad. Si no hay dicha no tiene sentido estar en pareja. No tiene por qué ser «hasta que la muerte os separe». Irónicamente, uno de los dos va a terminar matando al otro de verdad. Que dos amantes se amen eternamente es una utopía al alcance de muy pocos. Eso no quiere decir que no tengas la capacidad de volver a amar a otra persona. No lo dudes: sé fiel al amor y no tanto a la pareja. Vivir con una persona que no amas..., ¡eso sí que es pecado! Jamás mantengas con vida un matrimonio muerto por los hijos. Es lo peor que puedes hacer. Todo lo que comienza tarde o temprano se acaba. Es una ley eterna e inmutable: nada es para siempre. Este fenómeno se conoce como «impermanencia». Es decir, la incapacidad de la realidad de mantenerse quieta y estable en un mismo lugar o estado. Todo está cambiando, mutando y evolucionando constantemente. Tú también, así como tu pareja. Vuestra relación os ha transformado, si bien tal vez no en la misma dirección. No te obligues a amar a alguien. La cosa no funciona así. Afronta la situación con madurez y actúa con generosidad. Deja a un lado los rencores y reproches del ego. Termina con el mismo respeto y dignidad con el que empezaste. Asume tu parte de responsabilidad. Pide genuinas disculpas por los errores cometidos. Da gracias por los *momentazos* compartidos. Suelta al otro. Y siéntete en paz con lo sucedido.

No te sientas fracasado:
le pasa a casi todas las parejas

Tu decisión de aguantar con resignación tu matrimonio está movida por tu miedo al fracaso. Es lo que tiene casarse de forma convencional. Que si bien te impide dejarlo al primer desencuentro, también te expone más a la crítica ajena. Para empezar, de los invitados de tu boda. En fin, ¡menuda tontería! El único fracaso de verdad sería que no aprendieras de la experiencia. Seguro que te sirve para conocerte mejor y poder construir una nueva forma de relacionarte. Además, ¿qué sabes realmente de los matrimonios que conoces? ¿Cuánto tiempo pasas con ellos? Los trapos sucios se lavan en casa antes de salir a la calle. ¿Acaso no sabes lo que es «el síndrome del invitado»? Puede que la pareja esté distanciada —e incluso enfadada—, pero basta que aparezca un invitado en casa para que enseguida muestre su mejor cara. Otro mecanismo del ego. En este caso, el de aparentar amor y fingir felicidad. De hecho, cuando alguien de tu entorno se separa, enseguida te lleva a pensar en tu situación sentimental. Y más de uno se envalentona, dejando de posponer lo inevitable. Hoy en día está habiendo tal contagio que empieza a parecer una epidemia de separaciones, rupturas y divorcios. Y dado que es un fenómeno socialmente aceptado, ya no hay tanto miedo al qué dirán. ¿Qué coño te van a decir si ellos también se han separado? Esta es una de las razones por las que antes la gente aguantaba tanto y ahora, en cambio, la gente aguanta tan poco. Poner fin a una relación al mínimo desencuentro es igual de erróneo que perpetuarla cuando ya no hay nada que la mantenga unida. No se trata de aguantar, sino de disfrutar. Y para ello no te cabe más remedio que concebir tu relación de pareja como un aprendizaje.

Segunda parte

EL APRENDIZAJE EN PAREJA

X

LOS POLOS OPUESTOS SE ATRAEN

Por qué te fijas en un determinado perfil

No confundas cultura con naturaleza

Una cosa es quién eres tú como ser humano y, otra bien distinta, quién has de ser según los parámetros de tu entorno familiar. Y es que no es lo mismo el tipo de relación de pareja personalizado que te conviene a ti, que el molde estandarizado que te propone la sociedad. No formes parte de la farsa contemporánea según la cual —seas hombre o mujer— tienes que adoptar según qué roles establecidos. La concepción de que como marido has de ser el proveedor que ha de traer el pan a casa, o que como esposa has de ocuparte de las labores del hogar es de otra época. Ya sabemos que este patriarcado tan machista ha quedado desfasado. Eso no quiere decir que la mujer —en su afán de conquistar y mantener la igualdad con el hombre— tenga ahora que vestirse de traje y corbata mientras su pareja se ocupa de las tareas domésticas. La mujer no ha de intentar ejercer el rol que hoy en día se atribuye a los hombres. Y un hombre no ha de esforzarse por actuar tal y como se ha esperado que vengan actuando las mujeres. ¡Cada uno tiene que ser él mismo! Cada uno tiene que saber qué es lo que le motiva aportar al servicio de la relación, sin importar las convenciones sociales de la época. Deja de una vez de buscar la igualdad entre géneros. ¡Es absurdo! Las mujeres y los hombres no son iguales. Son bichos completamente diferentes. Emancípate de la cultura. Es decir, del conjunto de creencias, suposiciones, prejuicios y estereotipos con los que has sido condicionado. Atrévete a vivir de acuerdo con tu propia naturaleza, esto es, tu singularidad como ser humano, la cual viene de serie, pues es algo innato. Tu desafío es elegir libre y voluntariamente cómo quieres vivir tu relación, en función de tus auténticas necesidades y motivaciones como hombre o mujer. Vive de tal forma que seas verdaderamente feliz.

27

Tu biología determina tu psicología

Si eres hombre, se espera de ti que tengas éxito, dinero y poder. No en vano, las mujeres quieren *machos* con recursos. En cambio, si eres mujer más vale que seas atractiva, complaciente y servicial. Principalmente porque los hombres buscan *hembras* bellas que les proporcionen servicios. Pero ¿qué parte de estas generalizaciones proceden de la sociedad y cuáles tienen su origen en la biología? A la hora de establecer roles en el seno de tu relación, ¿qué prevalecen más: tus creencias o tu instinto? ¿Cómo sería tu estilo de vida en pareja si te atrevieras a seguir a tu verdadera naturaleza? La respuesta a estas preguntas puede liberarte de lo que te impide ser tú mismo. Si bien los estereotipos suelen llevar algo de razón, no son la verdad en sí misma. Es obvio que la mujer y el hombre son seres humanos muy diferentes a nivel físico, emocional y sexual. Sin ir más lejos, en general la mujer pretende que un solo hombre satisfaga todas sus necesidades, mientras que el hombre sueña con que todas las mujeres satisfagan su única necesidad. En fin, cada uno tiene sus propias inquietudes y aspiraciones. ¡No puedes esperar que el sexo opuesto sea como tú! Es inútil desear que tu pareja quiera lo que tú quieres y sienta lo que tú sientes. ¡La cosa no va así! El primer paso para construir una relación de pareja más satisfactoria es comprender un principio universal: hombres y mujeres comparten un mismo origen; proceden de la misma fuente desde la que han surgido todas las cosas. Sin embargo, mujeres y hombres están movidos por fuerzas distintas. Por más que la cultura pretenda que tu pareja y tú seáis iguales, no tenéis nada que ver. Es hora de honrar dicha diferencia. Y esto que es muy fácil de decir, da para unos cuantos años de exploración y aprendizaje.

28

¿Prefieres conquistar o ser conquistado?

Como ser humano, has venido a este mundo dotado con un motor biológico particular, más conocido como «esencia sexual». «¿Y qué cojones es esto?», te estarás preguntando. Se trata de un instinto animal, una pulsión que te mueve a ser como eres frente a cuestiones muy primarias. El símbolo universal que mejor tangibiliza este aspecto sutil de tu condición humana es el del «yin y el yang», de la filosofía taoísta. Ya sabes, una circunferencia dividida por una mitad con forma de espermatozoide blanca con un puntito negro, y otra exactamente igual pero negra con un puntito blanco. Estas dos mitades representan las dos energías contenidas en dicha esencia sexual: la femenina (yin) y la masculina (yang). Estos dos principios son opuestos, complementarios e interdependientes. Si bien tienes un poco de ambos, uno de estos dos polos goza de más peso dentro de ti. En general, la gran mayoría de las mujeres nacen con una «esencia sexual femenina». Su prioridad es la búsqueda de amor, cariño y complicidad en su mundo de relaciones afectivas, encabezadas por la que mantienen con su pareja. En cambio, casi todos los hombres tienen una «esencia sexual masculina». En este caso, su prioridad es buscar la libertad a toda costa, invirtiendo mucho tiempo y energía en conseguir sus metas y objetivos. Tanto desde una perspectiva biológica, como psicológica y espiritual, no es lo mismo ser esencia sexual femenina que masculina. Por eso se dice que «los hombres son de Marte y las mujeres son de Venus». Se puede decir más alto, pero no más claro. Por poner una chorrada de ejemplo —completamente válido, por otra parte—, a lo masculino le gusta conquistar, mientras que lo femenino prefiere ser conquistado. ¿Y tú qué esencia sexual eres?

29

¿Por qué te sientes atraído por personas opuestas a ti?

Voy a ir al grano: la esencia sexual masculina se siente atraída por la esencia sexual femenina. O dicho de otro modo: a los hombres masculinos les *pone* su polo energético opuesto: las mujeres femeninas. Y viceversa, obviamente. Lo mismo sucede en las parejas homosexuales, en las que uno de los dos encarna la energía yin y el otro, la yang. Como bien sabes, una de las claves para que las relaciones de pareja perduren es mantener encendida la pasión sexual. Para que no se desvanezca, es necesario que uno de los dos amantes encarne y potencie el rol masculino (seguridad, fuerza e iniciativa) y el otro, el femenino, cuyos rasgos más destacados son la afectividad, la sensibilidad y la receptividad. En la medida en que los amantes se polarizan —conociendo y respetando sus diferencias—, el deseo sexual se mantiene en mucha mejor forma durante muchos más años. Es una simple cuestión de polaridad energética. De ahí la importancia de acentuar las diferencias entre lo masculino y lo femenino. Cuanta más distancia y oposición, mayor y más intensa es la atracción hacia el otro. Si te fijas en aquellas parejas en las que la mujer encarna la esencia sexual masculina, su compañero suele representar la esencia sexual femenina. Hay otras más neutras, en las que no hay tanta polaridad. Más que por oposición, en este caso son relaciones por afinidad. Si bien no hay tanta tensión ni conflicto, tampoco hay tanto aprendizaje ni crecimiento. Igual discuten menos, pero también tienen menos libido sexual. No son ni más fáciles ni más difíciles. Tampoco son ni peor ni mejor; son diferentes. Irónicamente, lo masculino y lo femenino tienen mucho que aprender el uno del otro. De ahí que la pareja sea el lugar perfecto para aprenderlo.

Tu pareja no te completa, sino que te complementa

Dado que irremediablemente te atraen personas opuestas, no te metas en una relación a menos que sepas acoger a alguien diferente a ti. Si no eres capaz, hazte cura o monja, pero ¡no la líes! ¡No te compliques la existencia! Hombres y mujeres piensan, sienten y anhelan cosas distintas. Con el tiempo, estas diferencias dan lugar a decepciones, reproches, discusiones y peleas. Para que haya paz y armonía, primero tienes que disolver el desencuentro emocional que os separa el uno del otro. Y esto pasa por comprender, aceptar y amar a tu pareja tal como es —integrándola en ti—, un amor que no solo te transformará, sino que además renovará tu vida. Suena muy bonito, pero ¡implica un aprendizaje de la hostia! Dado que tu compañero y tú procedéis de planetas diferentes, no tenéis ni idea de cómo apoyaros ni nutriros. Cada uno da en la relación lo que quiere recibir, pues ambos suponéis —equivocadamente— que el otro tiene las mismas necesidades y deseos. El resultado es que termináis insatisfechos y resentidos. Ambos creéis que estáis dando sin recibir una compensación. También consideráis que vuestra forma de amar no es reconocida ni valorada. La verdad es que ambos dais amor, pero no en la manera esperada. De ahí que ninguno reciba lo que necesita. Llegado a este punto, lo más común es que comencéis a criticaros y juzgaros por el simple hecho de ser como sois: distintos del otro. No se trata de eliminar la diferencia, sino de aprovecharla para complementaros como pareja. En vez de tratar de cambiar al otro, el desafío pasa por que aprendas lo que tu compañero ha venido a enseñarte. Solo así podrás integrar los polos masculino y femenino que hay dentro de ti, convirtiéndote en un ser humano más consciente, maduro y completo.

XI

LA ENERGÍA FEMENINA (YIN)
Breve tratado sobre el amor

31

La energía femenina (yin) anhela sentirse querida

Empecemos por la energía femenina (yin), la cual suele estar más presente en las mujeres. Siempre primero, ¿no? Su esencia sexual femenina es el cerebro biológico que viene de serie. Si prevalece esta polaridad energética en ti, tu valor más sagrado es el «amor». Especialmente el que fluye en tus relaciones personales. Aunque no encontrarás dos mujeres iguales, como miembro del género femenino tienes una motivación fundamental: compartir tu vida con los demás. Y dado que eres muy intuitiva y empática, prevés las necesidades de la gente que te rodea. No hace falta que te pidan ayuda para ofrecerla. Para ti, dar apoyo y aportar sugerencias es una muestra de interés y complicidad. Eso sí, jamás invalidas las emociones del otro. Y nunca ofreces soluciones cuando hablas. Te defines a ti misma a través de tus sentimientos y de la calidad de tus relaciones. Cuando te sientes disgustada, hablas abiertamente de tus problemas para escuchar y sentirte escuchada. Buscas apoyo, alivio y comprensión. Así es como construyes tus vínculos de intimidad y confianza. Te realizas compartiendo tu mundo interior; le das más importancia que lograr objetivos o alcanzar metas. En el seno de tu relación, aportas cariño, ternura, delicadeza, belleza y sensibilidad. Y tu energía yin te lleva a ser más pasiva y receptiva. Quieres que tu pareja te dé afecto sin tener que pedírselo. En tanto que esencia sexual femenina, tu necesidad primaria es «sentirte querida». Y para poder satisfacerla, tu compañero te ha de mimar, pensar en ti, preocuparse por tu bienestar, priorizarte y, en definitiva, darte lo que necesitas: mucho amor. Puede que no te consideres una princesa, pero la verdad es que secretamente te encanta que te traten como tal.

32

Vives en un constante vaivén emocional

Debido a tu esencia sexual femenina, te comportas como una «montaña rusa». Tu estado de ánimo fluctúa de arriba hacia abajo y de abajo hacia arriba, recorriendo un movimiento ondulante. Cuando estás arriba de la montaña, gozas de una sana autoestima. Al sentirte querida, sientes que tienes mucho amor que dar. Te es fácil valorar y disfrutar de lo que tienes. Irradias positividad y optimismo. Y tiendes a ver el vaso medio lleno de las cosas. En cambio, cuando estás abajo —algo que sucede tarde o temprano— te sientes como si descendieras a un pozo oscuro. De pronto dejas de sentirte querida, mermando tu capacidad de amar a los demás. Y al salir a flote lo profundo, lo reprimido y lo inconsciente, tiendes a quejarte de lo que te falta, de lo que no te están dando. Tu percepción de ti misma y de la vida cambia. Te vuelves más negativa y pesimista, tendiendo a ver el vaso medio vacío. Es entonces cuando sientes la urgencia de hablar de tus problemas, de expresar cómo te sientes, así como de sentirte escuchada, comprendida y apoyada. Cuando estás en el pozo, lo mínimo que esperas de tu pareja es que te escuche. Y lo que menos necesitas es que te diga cómo tienes (o no) que sentirte. Tan solo quieres que te acompañe emocionalmente mientras desciendes, aceptando tus arrebatos de tristeza, inseguridad y malhumor. Solo de esta manera puedes llegar al fondo del asunto, volviendo nuevamente a subir a la superficie. En el caso de no sentirte segura ni acompañada, puedes caer en adicciones que te proporcionen el alivio que tu pareja no sabe darte. No se trata de juzgar este vaivén emocional. Ni mucho menos de sufrirlo o de buscar culpables. Más que nada porque es un proceso natural, cíclico y, sobre todo, necesario. Es el modo en que la energía femenina (yin) funciona y se renueva.

33

Te quejas de que tu pareja no te escucha

No falla: como esencia sexual femenina, consideras que uno de los peores defectos de tu compañero —esencia sexual masculina— es que no te escucha. Pongamos por ejemplo cuando llegas a casa después de un día de mierda. Nada más ver a tu pareja, sientes la necesidad de compartir tus sentimientos. Entre otras cuestiones, le comentas que últimamente no estás a gusto en tu trabajo, especialmente por la complicada relación que mantienes con tu jefe. A veces se comporta como un capullo de primera. Sin ir más lejos, hoy te ha echado una bronca de las buenas. Enseguida, tu pareja te insiste en que tienes que dejar tu empleo actual y montártelo por tu cuenta. Tú le respondes que no es el mejor momento. Que en el fondo sabes que es un buen tipo, a pesar de no ser una persona fácil. Parece que está pasando un mal momento. Entonces tu compañero te dice que no le hagas caso y trates de no tomártelo como algo personal. Molesta con el comentario, alegas que lo intentas cada día, pero que a veces no puedes evitar que te afecten estas cosas. Al ver que la conversación no va a ninguna parte, empiezas a explicarle que tu madre está en cama, recuperándose de una gripe intestinal. La pobre sigue con fiebre y diarrea. Medio segundo después, tu pareja te dice que seguro que todo irá bien. Sin embargo, tú levantas la voz, afirmando que tu madre te necesita. Tu compañero te interrumpe con brusquedad, concluyendo que el problema es que te preocupas demasiado; por eso estás tan tensa y cansada. Finalmente explotas. Y mirándole fijamente a los ojos, le dices que lo que de verdad te causa tensión es que no te escucha. Y para colmo, tu compañero tiene los tomates de encogerse de hombros y responderte que sí te está escuchando.

Tienes mucho que aprender sobre la libertad

La energía femenina (yin) tiene un lado oscuro. Si esta es tu esencia sexual, seguramente te cuesta respetar la libertad de tu pareja. No sabes muy bien por qué, pero te sientes *mal* cuando decide retirarse, lejos de ti. No comprendes por qué de repente se aleja. Si por ti fuera, pasarías más tiempo juntos. Tú solo te distancias de él cuando te decepciona o temes que vuelva a hacerte daño. Sin embargo, la esencia sexual masculina funciona de forma diferente. Le encanta estar contigo. Pero de vez en cuando, ¡no cada día! La mayoría de los hombres alterna entre momentos de intimidad y espacios de autonomía. Es una necesidad biológica. Del mismo modo que no eligen su energía masculina (yang), tampoco escogen sentir el anhelo de libertad. Necesitan pasar tiempo solos y poder estar tranquilos, sin ser responsables de nadie más. Es entonces cuando tratan de resolver sus problemas. No necesitan de tus consejos. También aprovechan para hacer deporte, ver a los amigos o simplemente evadirse. Que tu pareja se distancie no es señal de que no te quiera. No seas tan egocéntrica. ¡No tiene nada que ver contigo! Tiene que ver con su naturaleza masculina. Si acaso quéjate del creador, pero no juzgues lo creado. Si pasáis demasiado tiempo juntos, es probable que se muestre irritado y malhumorado, perdiendo el deseo de estar contigo. En ocasiones puede provocar una discusión solo para justificar su alejamiento. No te conviertas en una de esas personas que persigue a su pareja cuando se aleja. O peor aún: que lo castiga por alejarse. Eso se llama «manipulación». Asume que tu compañero tiene otro refugio que no eres tú. No intentes hacerle sentir culpable por no cubrir tus necesidades emocionales. Y procura que pueda echarte de menos. Si no, terminará echándote de más.

Ámate a ti misma para liberar a tu pareja

Por más que lo niegues, tu pareja es el centro de tu vida. Y esto no es algo bueno ni malo. Es simplemente un hecho, fruto de tu naturaleza femenina. Sin embargo, convertir a tu compañero en tu principal fuente de amor, apoyo y complicidad es una cagada. Nadie debería llevar esa carga. ¡La principal fuente has de ser tú! Piénsalo bien: ¿cómo vas a respetar la libertad de tu pareja si crees que dependes de ella para ser feliz? Es hora de que te comprometas con resolver tus propios conflictos emocionales por ti misma. En vez de buscar que te quieran, ámate. Liberarte de la necesidad de sentirte querida. Sana de una vez tu herida de nacimiento. ¡Ese es tu viaje! Aprende a amarte como nadie nunca te ha amado ni te amará jamás. Solo así podrás salir de esa invisible cárcel llamada «dependencia emocional», cada día con más presos. Asúmelo: necesitas sentirte querida porque no te amas. Si te amas, el amor fluirá de ti hacia tu pareja en forma de confianza y libertad. Al comprender y respetar el ciclo de intimidad y autonomía, tu pareja dejará de escapar de ti. La mayoría de los hombres están mucho más dispuestos a decir que «sí» cuando tienen la libertad de decir que «no». La paradoja es que cuanto más te alejes de tu compañero, más se acercará él a ti. Vuestra relación alcanzará cotas más elevadas de satisfacción si respetas y promueves su independencia. Permite que tu pareja esté contigo cuando verdaderamente le apetezca. ¡Madre mía, cuando eso sucede! Entonces volverá voluntariamente con más frecuencia y más ímpetu para amarte. Su deseo de proximidad e intimidad contigo es proporcional al respeto de su libertad. La paradoja es que al desapegarte emocionalmente de tu compañero, empiezas a sentirte mucho más unida y conectada con él.

XII

LA ENERGÍA MASCULINA (YANG)

Breve tratado sobre la libertad

36

La energía masculina (yang) anhela sentirse libre

Sigamos por la energía masculina (yang), la cual suele estar más presente en los hombres. Su esencia sexual masculina es el cerebro biológico que rige sus impulsos más primarios. Si predomina esta polaridad energética en ti, tu valor más sagrado es la «libertad». Aunque cada hombre es único, como miembro del género masculino tu principal motivación es «descubrir tu misión en la vida». De esta manera es como puedes realizar tu propósito y sentirte útil. Para ti es muy importante la eficiencia, el poder y el logro. No es casualidad que tengas puesto el foco de atención en arreglar problemas y encontrar soluciones. Para sentirte bien contigo mismo has de alcanzar objetivos y lograr metas por ti solo. Necesitas asumir retos y afrontar desafíos para probar tu eficiencia, mostrar tu competencia y manifestar tu valía. Así es como dices alto y bien claro que se puede confiar en ti. Esta es la razón por la que no te gusta que te corrijan o que te digan cómo tienes que hacer las cosas. De hecho, tiendes a guardarte tus problemas para ti. Pedir ayuda es una señal de debilidad e incapacidad. Solo los compartes cuando necesitas otro punto de vista. Es entonces cuando buscas a alguien de confianza que te merezca consideración. Para otro hombre, esta invitación al consejo es un honor. En el seno de tu relación, aportas vigor, seguridad, fuerza, iniciativa y dirección. Y tu energía yang te lleva a ser más activo y, por tanto, a ejercer un papel de liderazgo. En tanto que esencia sexual masculina, tu necesidad primaria es «sentirte libre». Y para poder satisfacerla, tu pareja ha de respetar tu independencia y autonomía, confiar en ti, valorarte y aceptarte tal como eres, dejarte espacios para poder estar solo y, en definitiva, darte lo que necesitas: mucha libertad.

Necesitas ir a tu cueva donde poder estar tranquilo

Debido a tu esencia sexual masculina, como hombre actúas como un «tirachinas». Tienes la imperiosa necesidad de estirarte al máximo hacia uno de los lados, para ir hacia el otro con más fuerza e ímpetu. No te puedes estar quieto ni parado en el mismo lugar por demasiado tiempo. Necesitas buscar y encontrar algo (un objetivo) que lanzar, pudiendo así lograr un resultado que le dé sentido a tu vida y refuerce tu sensación de valía. Y tras el esfuerzo realizado, también necesitas un lugar tranquilo donde poder estar en paz, sin exigencias ni responsabilidades de ningún tipo. Por eso tiendes a alejarte de tu pareja, estirándote hasta cierto punto. Especialmente en momentos de tensión y estrés. Aun cuando ames a tu pareja, necesitas alejarte de forma periódica para poder conectar contigo y con ella de verdad. Es entonces cuando te retiras a tu cueva. Es decir, un lugar externo —el que sea— donde poder estar a solas con tu interior. Estando ahí, te dedicas a relajarte y descansar, reflexionando sobre tus problemas con calma. Así es como cargas las pilas, volviendo con muchas más ganas de ver a tu compañero. Y con mucho más amor que darle. Compartir tus preocupaciones lo ves como una carga; además de una acción inútil. Es un desahogo que no sirve para arreglarlos. De hecho, en muchos casos los hace más grandes, permitiendo que otros opinen al respecto. Irónicamente, cuando necesitas estar en tu cueva no puedes darle a tu pareja la atención que requiere cuando comparte sus problemas. Estás demasiado inmerso en ti mismo. Cuando no estás bien, te ayuda a recuperar tu equilibrio estar solo hasta arreglar el problema. Todo lo contrario que tu mujer, quien busca proximidad y comunicación. De ahí que el *pollo* esté garantizado.

38

Te quejas de que tu mujer no te deja en paz

Está *científicamente* comprobado: a la energía masculina (yang) lo que menos le gusta de estar en pareja es la pérdida de independencia. En algunas ocasiones —por no decir *en muchas*—, sientes que tu pareja es un poco pesada, por no decir un peñazo. Como hombre, seguro que a veces has terminado hasta los huevos de tu mujer. Me refiero a cuando te sientes atosigado, controlado y ahogado por sus demandas, compromisos y exigencias. Además, te fastidia tener que luchar por tus legítimos espacios de soledad y libertad. Y estás cansado de recibir consejos que no has pedido. Pongamos por ejemplo que estáis yendo juntos en coche —tú al volante hacia el hotel donde pasaréis un fin de semana romántico. Después de dar varias vueltas y no encontrar la salida correcta, tu pareja asume que te has perdido. Es entonces cuando te sugiere que pidas ayuda a uno de los viandantes. Al quedarte en silencio, al cabo de unos segundos te lo vuelve a proponer. Tú le dices que no hace falta. Pero ella insiste, alegando que no cuesta nada, que seguro que alguien te puede indicar cómo llegar. Su actitud empieza a irritarte. Sin embargo, no le dices nada y sigues conduciendo, hasta que al cabo de un rato por fin logras llegar al hotel. Ya en la habitación, tu pareja te recrimina que estás un poco borde. En ese momento le dices que te ha molestado que te haya insistido en pedir orientación cuando no hacía falta. Y ella te responde, ofendida, que lo ha hecho para ayudar. Sin embargo, tú has escuchado otra cosa: que no confía en tu capacidad de resolver problemas por ti mismo. Al darte un consejo o sugerirte que preguntes a otro la manera de arreglar una situación, es como si te llamara «inútil» y creyera que eres un incompetente.

Tienes mucho que aprender sobre el amor

La energía masculina (yang) tiene un lado oscuro. Si esta es tu esencia sexual, ten los cojones de negar que te lo curras muy poco con tu pareja. ¿Cuándo fue la última vez que le hiciste un verdadero detalle romántico que no hicieras por obligación? No sabes exactamente por qué, pero para este tipo de cosas no tienes tanta iniciativa, pasión ni creatividad. A ti te *ponen* otros retos. Tu naturaleza te lleva a pensar primero en ti, en lo que tú necesitas, en lo que a ti te interesa. Cegado por tu propia motivación, no ves las necesidades de tu pareja, las cuales sí tienen que ver contigo. No en vano, la esencia sexual femenina funciona de otra manera. Es cierto que comparte su vida con sus padres, hermanos y amigos, al tiempo que desempeña una función profesional. Sin embargo, la mayoría de las mujeres quieren tener a su pareja cerca, de manera que puedan contar con ella cuando estén preocupadas o tengan algún problema. De igual forma que no escogen su energía femenina (yin), tampoco eligen sentir el anhelo de amor. Necesitan amar y ser amadas. Es una necesidad biológica. Son como una flor que requiere ser regada a menudo. Para florecer también necesitan mucha luz y mimos. Tu presencia amorosa es su alimento. Que tu pareja quiera pasar más rato contigo o te haga sugerencias sobre cómo hacer ciertas cosas no significa que sea una pesada. No te enfades. Así es su naturaleza femenina. Si no le regalas tiempo de calidad, dejando de lado la consecución de tus objetivos, con el tiempo tu pareja se marchitará. La falta de amor hará que se sienta desdichada. Ya lo dice el refrán: «Mujer feliz, vida feliz». Tu mujer no es complicada. ¡En realidad es tremendamente fácil! Todos sus problemas y conflictos emocionales tienen una misma raíz: no sentirse querida por ti.

40

Ama a tu pareja para liberarte de ti mismo

Si pudieras pedirle algo a los Reyes Magos sería la libertad absoluta de movimiento. Es decir, la posibilidad de entrar y salir de casa cuando quieras, sin tener que dar explicaciones a tu pareja. Se trata de un impulso de tu naturaleza masculina. Sin embargo, que se respete tu individualidad no te exime de cuidar a tu pareja. De sorprenderla con algún detalle cada semana. ¡Qué te cuesta! Piensa más en ella. Dile cosas bonitas y lleva a cabo acciones que le arranquen una sonrisa. Sé cómplice de su bienestar. Es la mejor manera de invertir en tu propia felicidad. No hace falta que sea un regalo material. A veces basta con un simple gesto que le haga saber que la quieres. Ponle un maldito pósit rosa en el espejo del baño que ponga: «Buenos días, amor. Espero que tengas un día maravilloso. ¡Te quiero!». Tener este detalle con ella te llevará cinco minutos. Sin embargo, la dejarás contenta durante toda una semana. Por favor, no seas uno de esos que da por sentada a su pareja. ¡No me seas cazurro! En el momento que das por hecho que la tienes, empiezas a perderla de verdad. Comienza a honrar tu única responsabilidad conyugal: amar a tu mujer con todo tu corazón. En vez de buscar la libertad, libérate de ti. De tus deseos y aspiraciones egoícas. Céntrate más en las necesidades de tu pareja, priorizándola por encima de las tuyas. ¡A ver si eres capaz! Necesitas sentirte libre porque eres esclavo del ego. Mira más a tu pareja. Dedícate a darle estímulos que favorezcan que se haga feliz a sí misma, y la libertad que anhelas vendrá por añadidura. No es una cuestión de la cantidad de tiempo que paséis juntos, sino de la calidad de vuestro vínculo. Cuanto más querida se sienta tu pareja, más respetará tu independencia.

XIII

EL SEXO INCONSCIENTE
La verdad acerca de lo que pasa en la cama

41

Atrévete a hablar sin tapujos sobre tu vida sexual

Las mujeres tienen vagina y los hombres, pene. Aunque te dé cierto pudor hablar de ellos, es innegable que los seres humanos hemos nacido con genitales. Y por más que el sexo se haya condenado a lo largo de la historia, estás aquí gracias a tu necesidad y capacidad de practicarlo. No hay nada de malo en ello. Es un acto tan puro y natural como comer, dormir o respirar. Si bien tu cuerpo jamás ha realizado ningún juicio moral sobre el sexo, tu mente todavía sigue contaminada por falsas creencias, que limitan tu manera de disfrutar plenamente de tu sexualidad. En el inconsciente colectivo de la sociedad continúan reprimidos muchos sentimientos de vergüenza y culpabilidad. Paradójicamente, todo lo que se reprime termina aflorando con más fuerza e intensidad. De ahí que estés continuamente bombardeado con mensajes sexuales explícitos o subyacentes. No es de extrañar que los pensamientos relacionados con el *metesaca* se hayan instalado como *okupas* en tu cabeza. Prueba de ello es que la palabra «sexo» es, con diferencia, la más escrita en el buscador Google. Eso sí, en este caso la cantidad de estímulos que recibes es inversamente proporcional a la calidad con la que lo practicas. Si bien la finalidad biológica del sexo es la reproducción, también tiene otra función, mucho más psicológica y espiritual. Así, se sabe que practicas buen sexo con tu pareja cuando verificas que te ayuda a intimar y conectar con ella, así como a reponer tu energía vital. También notas cómo contribuye a cultivar y preservar tu salud física y mental, regulando, a su vez, tu estado de ánimo emocional. No esperes ni un día más: coge de la mano a tu pareja, abre tu corazón y expresa con asertividad cómo te sientes acerca de tu vida sexual.

42

Practicas sexo de forma mecánica, monótona
e inconsciente

Al comprometerte con un solo compañero sexual y practicar sexo con él durante algún tiempo, seguro que más de una vez te has preguntado: «¿Eso es todo? ¿El sexo se acaba aquí?». Debido a tu falta de educación sexual, como adulto te sigues guiando por los hábitos mecánicos *aprehendidos* durante tu pubertad. Así, sueles meterte en la cama siguiendo una serie de rutinas monótonas, carentes de imaginación y creatividad. Por eso con el tiempo suele desaparecer la atracción y el deseo hacia tu compañero, llegando incluso a caer en el desinterés, la inercia, la monotonía y el aburrimiento. De ahí que muchos dejen de practicarlo, demonicen la monogamia como filosofía de pareja, opten por cambiar de amante o directamente sean infieles. Por más que esta conducta sea la habitual, tan solo deviene cuando practicas sexo mecánica e inconscientemente, quedando atrapado por tu biología, cuya única finalidad es garantizar la reproducción de la especie. Ahora mismo el sexo está limitado, sobre todo, por las limitaciones masculinas. La mayoría de los hombres actúan movidos por un mismo patrón de conducta sexual, marcado por la acumulación de excitación y la liberación de esta tensión a través del orgasmo. Sin embargo, su obsesión por alcanzar el clímax es precisamente lo que les impide disfrutar de todo su potencial sexual. El animal que hay en ellos se convierte en un obstáculo para que el amor esté también presente en la cama, frustrando cualquier intento femenino de alargar dichos encuentros sexuales. Para lograr una mayor profundidad y satisfacción, no les queda más remedio que trascender sus impulsos más primarios. Y para lograrlo, no hay mejor maestras que las mujeres. Sin duda alguna, son las verdaderas expertas en materia de sexualidad consciente.

43

Tu sexo está tiranizado por la coitocracia

El 99,9 % de tu actividad sexual no tiene como fin la reproducción. Sin embargo, tus encuentros están regidos por la «coitocracia». Es decir, por el afán de que el pene se ponga erecto enseguida para poder penetrar la vagina. Tanto es así, que en general consideras que «hacer el amor» es sinónimo de «realizar el coito». Dado que la esencia sexual masculina ejerce un mayor liderazgo en el dormitorio, las mujeres quedan a merced de esta masculinización de la sexualidad. Recordemos que el hombre medio se masturba desde que empieza a tener uso de razón, entre los nueve y los doce años. Y son tantas las pajas que se ha hecho durante la adolescencia, que esta práctica mecánica termina condicionando su cuerpo y su sistema nervioso a una misma secuencia: estimulación genital, fantasía mental, acumulación de tensión y eyaculación. Y al iniciar su andadura sexual con las mujeres siguen repitiendo dicho patrón. Por eso el objetivo del sexo es alcanzar el orgasmo. En este caso, el afán por llegar a la meta merma más que nunca el poder disfrutar del camino. Además, al poner en el pene casi todo el protagonismo, muchos hombres tienen miedo a no dar la talla. Este autoboicot es la principal causa de que padezcan de impotencia o eyaculación precoz, dos disfunciones originadas en la mente, no en el cuerpo. Y que limitan la vida sexual de millones de parejas en todo el mundo. Cualquier resultado de insatisfacción en la cama pone de manifiesto que estás practicando sexo erróneamente. Para empezar a revertir la situación, comienza por preguntarte cómo te sientes tras concluir el acto sexual. ¿Más pleno o más vacío? ¿Más vital o más cansado? ¿Más conectado o más frustrado? No te conformes. El sexo puede ser otra cosa, mucho más placentera que el placer: puede ser extática.

44

La energía masculina (yang) pone las semillas

La naturaleza es muy sabia. Cada esencia sexual tiene su propia función biológica. La masculina, por ejemplo, es la encargada de poner semillas en forma de espermatozoides. Los hombres están aquí para sembrar. Por eso tienen testículos. Tan solo participan del proceso de fecundación. Si esta es tu polaridad energética, seguro que has pasado algún momento de tu vida —o quizás toda ella— en el que has sentido la imperiosa necesidad de acostarte con muchas mujeres diferentes. De hecho, cuando un hombre mira a una mujer, el primer pensamiento que le viene a la cabeza es «¿Me acostaría con ella?». Es un acto reflejo, automático e inconsciente, totalmente primario. La tensión sexual siempre está ahí; eso sí, oculta y reprimida. Guiado por la testosterona —la hormona sexual masculina—, el hombre adopta inevitablemente el rol de cazador. No es casualidad que se presuponga que ha de ser precisamente él quien tenga la iniciativa de acercarse a una mujer. Esta hormona es la responsable de que los hombres sean más peludos, grandes, agresivos y fuertes que las mujeres. Y de que siempre estén dispuestos para practicar sexo. En cualquier momento. En cualquier lugar. A cualquier hora. Por cualquier motivo. Cualquier hombre con una esencia sexual masculina querrá variedad sexual. Aunque ame a su pareja y esté completamente comprometido con ella, deseará tener de manera natural encuentros sexuales con otras mujeres, además de con su compañera íntima. El hecho de desear a otra mujer no refleja una carencia en su relación; refleja su naturaleza masculina. Si bien su pene está encendido todo el día, su corazón está apagado, dormido. Por eso puede practicar sexo sin amor. En ese sentido todavía tiene mucho que aprender.

45

La energía femenina (yin) cuida las semillas

La hembra es un bicho muy diferente al macho. La esencia sexual femenina tiene la función biológica de recibir, cuidar y nutrir la semilla que le ha puesto el hombre. Esta es la razón por la que tiene óvulos, útero y mamas. Y por la que su actitud frente al sexo suele ser más pasiva. El papel protagonista de las mujeres se da en el proceso de reproducción, gestación y lactancia, el cual les ocupa varios años. Aun habiéndose inventado el biberón, es preferible que la madre dé de mamar a su bebé, pues le aporta los nutrientes naturales y el afecto emocional que este necesita para su óptimo desarrollo. Por eso son biológicamente más resistentes a las enfermedades y tienen una esperanza de vida mayor. Además, al poner más esfuerzo y tiempo en este proceso, también ponen más cuidado al seleccionar al padre de su hijo, así como una menor apetencia y promiscuidad sexual que los hombres. Su objetivo es emparejarse con el mejor varón disponible que encuentren. Si esta es tu polaridad energética, estarás de acuerdo que para abrir tu vagina primero se ha de abrir tu corazón. De hecho, este está siempre activo; ¡tus genitales son los que están apagados! Eres como un horno. Para sacarle el máximo partido primero se ha de encender y calentar un rato. De ahí la sagrada y suprema importancia de los preliminares. Dado que el hombre va con el pene encendido y la sexualidad está masculinizada por la coitocracia, cuando él ha terminado resulta que ella todavía no ha comenzado. La verdad es que las mujeres con más libido y ganas de hacer el amor son las que están enamoradas. En ese estado los niveles de testosterona aumentan en su organismo. Así, cualquier mujer que ha estado en celo puede saber cómo se siente el hombre cada día de su vida.

XIV

LA FINALIDAD TRASCENDENTE DE LA PAREJA

Razones con sentido para compartir tu vida

Si no quieres aprender ni evolucionar, mejor quédate solo

Por más que todo el mundo lo haga, no estás preparado para estar en pareja. Al menos no de forma satisfactoria y de manera permanente. ¡No tienes ni idea! Si eres un hombre, durante el estado de enamoramiento tus niveles de testosterona descienden y aumentan los de oxitocina —la llamada «hormona del amor»—, pudiendo así mostrarte más empático con las necesidades afectivas de la mujer. Lo contrario sucede en el cerebro femenino. Si eres una mujer, tus niveles de testosterona suben y por un tiempo parece que ambos funcionáis parecido, con los mismos impulsos sexuales y las mismas necesidades emocionales. Pero una vez el enamoramiento se desvanece, la biología de uno y otro vuelve a su estado natural. Es entonces cuando comienzan los reproches de él hacia ella porque ya no está tan interesada en el sexo; y de ella hacia él porque ya no le presta tanta atención ni le hace detalles románticos. Al emerger el conflicto latente es cuando comienza la auténtica relación de pareja. Solo en ese preciso momento puede surgir el verdadero amor. Así, la principal razón para emparejarse es sentir el anhelo de aprender, crecer, madurar y evolucionar como ser humano. Si no estás comprometido con ello, no la líes. No juegues con los sentimientos de los demás. O por lo menos déjalos claros desde el principio. La pareja puede ser uno de tus grandes maestros en el camino de aprendizaje que es la vida. Emparéjate porque sabes que de este modo crecerás espiritualmente mucho más que estando solo. No en vano, tu compañero te hace de espejo, viendo con nitidez aquello de lo que careces o tienes miedo. Lo cierto es que si cuentas con las herramientas adecuadas, estar en pareja puede ser una de las mayores bendiciones de tu existencia.

Si no te van los desafíos, ni se te ocurra emparejarte

El proceso de aprendizaje de la esencia sexual masculina consiste en integrar a su opuesto complementario: la esencia sexual femenina. Y viceversa. Y esto pasa por comprenderse profundamente a sí mismos y al otro, para poder así empatizar con sus diferentes necesidades y respetar sus ciclos de funcionamiento y renovación distintos. No olvidemos que en el símbolo taoísta del yin y el yang, dentro de la parte de la circunferencia con forma de espermatozoide blanca hay un puntito negro. Mientras que en la parte contraria, el espermatozoide negro contiene un puntito blanco. Estos colores representan la polaridad masculina y femenina, respectivamente. Todos los hombres (blanco) tienen una parte femenina (negro) por desarrollar. Y todas las mujeres (negro) tienen una parte masculina (blanco) también por cultivar. De ahí que la relación de pareja sea el lugar donde ambas energías aprenden a complementarse, aprendiendo la una de la otra de sus diversas tonalidades. No en vano, el viaje de lo masculino y de lo femenino hacia esta unidad de amor y libertad es antagónico. Lo cierto es que se requiere de mucha humildad, flexibilidad, generosidad y madurez para integrar esta oposición y dar como resultado una síntesis mucho más satisfactoria y beneficiosa. Si tu pareja es acelerada y tú eres lento, ahí hay un conflicto, pero también un gran potencial. Si aprovecháis la diferencia para crecer y transformaros, el acelerado puede ayudar al lento y al revés, encontrando un mayor equilibrio y armonía. De eso va el viaje en pareja. De aprender a dar lo que el otro necesita y aprender a recibir lo que el otro te dé. Solo así la relación puede evolucionar, convirtiéndoos en dos seres humanos más conscientes, completos, equilibrados y sabios.

Si formas una familia, hazlo con amor

No sé si lo sabías, pero «pareja» y «parejo» quieren decir «ponerse al mismo nivel». Es una cuestión de alcanzar el equilibrio, la armonía y la complementación. Una pareja de verdad funciona de tal modo que ambos miembros se sienten más felices y realizados que yendo cada uno por su lado. Por eso eligen cada día seguir estando juntos, compartiendo sus vidas con amor. Eso sí, respetando cada uno la individualidad del otro. Sin embargo, en la mayoría de los casos el resultado es otro, bien conocido por todos: lucha, conflicto y sufrimiento. Mucho sufrimiento. En ocasiones, ¡demasiado incluso! La convivencia genera muchos roces y choques entre egos. Y al no saber lidiar emocionalmente con esta situación, es imposible que haya aprendizaje ni cambio. ¡Ni mucho menos evolución! De ahí que poco a poco la relación termina resquebrajándose, dando lugar finalmente a la ruptura y la separación. Es cierto que las mujeres y los hombres son bichos complejos y complicados a más no poder. Pero el hecho de que tengan problemas entre ellos también tiene que ver con el molde convencional desde el que se relacionan. Y más cuando deciden formar una familia, sin duda alguna, otra de las grandes funciones de estar en pareja. Si este núcleo no es armónico, no favorecerá ni apoyará la armonía entre sus hijos. Es más, si no se produce este aprendizaje de integración y complementación, la familia deja de ser una fuente de dicha para convertirse en un vendaval de infelicidad. Si eliges formar una familia, que sepas que todos tus esquemas mentales van a verse confrontados. Seguramente te vas a perturbar durante mucho tiempo, hasta que sepas adaptarte a tu nueva condición de cónyuge y padre. ¡Y como intuyes, es un viaje de la leche!

Si tienes hijos, tenlos de forma consciente

Formar una familia implica tener hijos. La razón biológica por excelencia para estar en pareja consiste en perpetuar la especie. Sin embargo, una cosa es lo que crees que es la maternidad y la paternidad y otra, infinitamente distinta, lo que en realidad implica ser padres y madres. Es imposible saber de antemano lo mucho que la llegada de tu primer hijo va a cambiarte la vida. Una vez la mujer se recupera del parto, el gran reto es dedicar tiempo y energía para mantener encendida la llama de la pasión. Lo cierto es que la llegada del bebé te adentra en una rutina y una inercia que suele alejaros el uno del otro, creando una distancia emocional tan imperceptible como difícil de detener. De ahí que por más que te cueste despegarte de tu bebé, es fundamental que crees espacios de intimidad para estar a solas. Al menos una vez por semana puedes organizar una cena romántica, en la que cultivéis vuestra relación como amigos, amantes y compañeros de viaje. Y es que si cesa el amor entre los padres, los hijos lo acaban pagando. No es casualidad que durante los primeros cuatro años desde el nacimiento del primer hijo se produzcan cada vez más separaciones. ¡Esta etapa es un auténtico Vietnam emocional! Los hijos no te unen a tu pareja ni te hacen más feliz; más bien destapan las verdades que se ocultan debajo de la alfombra de tu hogar. ¿Quién lo diría? ¡Con lo monos que son! De hecho, hay un dicho muy cínico que dice lo siguiente: «El primer hijo te cambia la vida, el segundo te la quita y el tercero te la destruye». Así que ten mucho cuidado: no te adentres en la paternidad sin estar muy bien informado. Un matrimonio con hijos mal llevado puede convertir tu vida en un infierno. Luego no te quejes de que nadie te lo dijo.

XV

NIVELES DE CONSCIENCIA EN LAS PAREJAS

Estadios evolutivos en las relaciones de pareja

50

Del 0 al 10, ¿qué nota te pondrías como pareja?

Como ser humano, vives en un determinado nivel de consciencia. Y este mide el desarrollo espiritual que has adquirido en base a los aprendizajes realizados (o no) por medio de las bofetadas que te ha ido dando la vida. Cuanto más evolucionado estás, mayor es tu capacidad de ser feliz por ti mismo y, por tanto, de amar a tu pareja. En cambio, si tienes poca comprensión y sabiduría es normal que atraigas a personas ignorantes como tú. La función de estas relaciones tormentosas es que vivas precisamente las situaciones de conflicto que necesitas para poder aprender y evolucionar. Solo así generas la posibilidad de atraer y mantener relaciones mucho más armoniosas y satisfactorias en el futuro. Al final, de lo que se trata es de que vivas tus vínculos desde la esencia y no desde el ego. Para saber en qué estadio evolutivo te encuentras, basta con que eches un vistazo a los resultados emocionales que has venido cosechando con tu pareja. ¿Qué ha abundado más: el conflicto o la armonía? ¿Las discusiones o las caricias? ¿El echarse de menos o el echarse de más? ¿El sufrimiento o la felicidad? Por más justificaciones que te des, los resultados son siempre más elocuentes que las excusas. El hecho de que estés *mal* con tu pareja pone de manifiesto que tú, ella o los dos sois ignorantes en el arte de estar *bien* en una relación íntima. Y no te ofendas: ignorancia no es falta de inteligencia, sino de conocimiento. En este caso, del que te permitiría saber cómo relacionarte de forma pacífica y amorosa. Tómate un segundo para evaluar en qué medida eres una persona feliz, centrada, equilibrada, empática, generosa y asertiva, totalmente cómplice de la felicidad y el bienestar de tu compañero. Del 0 al 10, ¿qué nota te pones como pareja?

51

Tu mayor deseo es saciar tu propio interés

Cada pareja se encuentra en un determinado estadio evolutivo, el cual mide lo mucho o lo poco que han crecido y madurado juntos los dos integrantes de una relación. El primer nivel de consciencia es aquel en el que los dos amantes —movidos por su egoísmo egocéntrico— orientan su existencia a saciar únicamente su «propio interés». Cada uno mira solamente por sí mismo, tratando de satisfacer sus propias necesidades. Y mientras, cada uno, a su vez, espera que el otro se comporte de una determinada manera, acorde con sus deseos y expectativas. En este tipo de relaciones, la esencia sexual femenina se siente a menudo insatisfecha porque no se siente querida por su compañero. Se queja de la falta de amor. Y en paralelo, la esencia sexual masculina se siente asfixiada por su pareja. No se siente a gusto porque ve coartada su independencia. Se queja de la falta de libertad. Y cuanto más se acerca lo femenino en busca de cariño, apoyo y comprensión, más se aleja lo masculino, dedicando todo su tiempo y energía a conseguir nuevas metas y objetivos. ¡Es entonces cuando el ego se pone las botas! La relación se convierte en un campo de batalla, cuyas armas de destrucción masiva son el egocentrismo, la reactividad, el victimismo, la culpa, el reproche, el odio, el rencor y el distanciamiento. Con el tiempo, el diálogo deviene en discusión, grito y pelea. Y al comprobar que estos desencuentros emocionales no sirven para nada —más que para intensificar el sufrimiento—, finalmente llega la falta de comunicación, así como la lenta pero progresiva desaparición del cariño, la complicidad, la confianza, la honestidad y el respeto. Este tipo de parejas ya están rotas. Ahora solo falta saber cuándo y cómo van a separarse.

Tu mayor motivación es conocerte y transformarte

Toda relación de pareja atraviesa periodos de «crisis». A pesar de tener una connotación tan negativa, esta palabra comparte la misma raíz etimológica que «crisálida», la cual alude a la «metamorfosis» y a la «transformación». En chino significa tanto «peligro» como «oportunidad». Y en griego procede del verbo *krinein*, que quiere decir «juzgar» y «decidir». También ha dado lugar a sustantivos como «crítica» y «criterio». Así, la crisis es un momento decisivo dentro de cualquier relación de pareja; una invitación para hacer una pausa, reflexionar y decidir sabiamente el siguiente paso que los dos amantes han de dar para seguir evolucionando en amor y libertad. En el caso de que decidan seguir juntos y aprovechar una de estas crisis, la pareja se adentra en el segundo nivel de consciencia. Es entonces cuando orientan su relación a la «transformación». Cansados de tanto conflicto y sufrimiento, deciden darse una nueva oportunidad; eso sí, partiendo de la premisa de que para obtener resultados diferentes no les queda más remedio que cuestionar las creencias con las que han venido co-creando su actual relación. Por medio de un proceso individual de autoconocimiento, ambos comprenden finalmente que el otro ni les hace sufrir ni les puede hacer feliz. Y es precisamente esta comprensión la que los mueve a aprender a ser felices por sí mismos, pasando del egoísmo egocéntrico al «egoísmo consciente». Es decir, el que te permite resolver tus conflictos internos por medio del autoconocimiento. Para sentirte bien internamente, es importante dedicarte algo de tiempo cada día para darte lo que necesitas y preservar así tu equilibrio emocional. Y es que ¿cómo puedes estar bien con tu pareja si no sabes estar a gusto contigo mismo?

Tu mayor anhelo es propiciar el bien a tu pareja

Para disfrutar del verdadero amor en pareja de forma satisfactoria y sostenible no te queda más remedio que ser tremendamente honesto, humilde y valiente como para inclinarte frente a tu compañero y dejarte transformar por él. Insisto: es imprescindible que seas una persona transformada. Necesitas haber experimentado un profundo cambio de paradigma que te permita concebir este vínculo íntimo desde una perspectiva mucho más sabia y madura. Normalmente aparece en forma de clic. De pronto sientes que dispones de todo lo que necesitas para sentirte completo, lleno y pleno por ti mismo. Así es como asciendes al tercer nivel de consciencia, orientando tu relación al «bien común». Al quitarte el velo de los ojos ves por primera vez a tu pareja. Sea cual sea tu esencia sexual, aprendes de tu opuesto complementario. Así es como el amor y la libertad comienzan a dialogar en busca de un equilibrio que beneficie a ambos. En este estadio evolutivo sabes convivir con tus dos polaridades energéticas, las cuales se renuevan y retroalimentan la una a la otra. Movido por el «egoísmo altruista», pones tu bienestar, tu dicha y tu felicidad al servicio de la relación de pareja, creando un lazo tan invisible como robusto. Paradójicamente, al procurar el bien del otro preservas y expandes el tuyo. En paralelo, al cuestionar el molde de relación socialmente aceptado, tu compañero y tú comenzáis a diseñar vuestra propia forma de estar en pareja, acorde con vuestras verdaderas necesidades y motivaciones. Finalmente, este viaje de aprendizaje y transformación da como resultado un mayor disfrute gracias a la complementación. Si has seguido leyendo hasta aquí, sé honesto: ¿desde qué nivel de consciencia estás viviendo tu relación de pareja?

Tercera parte

LA PAREJA CONSCIENTE

XVI

CARNET PARA ESTAR EN PAREJA
Características para ser apto para relacionarte

54

Has «matado» a Mamá y a Papá

Para poder ser una persona apta para estar en pareja necesitas cumplir cuatro requisitos fundamentales. No hace falta que obtengas sobresaliente en cada uno de ellos. Del aprobado en adelante ya vale. Eso sí, cuanto mejor sea tu competencia, mejor te irán tus relaciones. El primer requisito es «emanciparte emocionalmente de tus padres». Ya es hora de que cortes el cordón umbilical y madures de una vez. Y esto pasa por liberarte de su influencia psicológica. De coger un hacha y metafóricamente cortarles la cabeza para dejar de escuchar sus voces dentro de ti. Elimina el programa y borra la grabación que insertaron en ti. Una persona completa ya no depende de la aprobación de sus padres. De pronto ya no necesitas que te quieran. Tampoco esperas que te comprendan ni que te apoyen. Seguramente tus padres cometieron millones de errores. Igual fueron demasiado protectores. Igual estuvieron ausentes. Pasara lo que pasase, al madurar comprendes que no lo hicieron a propósito. Entiendes que no supieron hacerlo mejor. No fue maldad, sino ignorancia. Además, tus padres nunca te hicieron daño emocionalmente. El rencor que sientes no tiene tanto que ver con lo que te ha pasado en la vida, sino con tu forma subjetiva y distorsionada de interpretarlo. Detrás de las etiquetas «papá» y «mamá» se esconden dos seres humanos, que en su día también fueron niños. Y como tales, arrastran sus propias heridas. Te quejas de la mochila que llevas a tus espaldas, pero no imaginas el maletón que cargan ellos. Investiga sobre tu árbol genealógico para saber el tipo de infancia que tuvieron los tuyos. El indicador más fiable para saber si te has emancipado de verdad es que te sientes en paz con lo sucedido y agradeces todo lo que has aprendido.

Has resuelto tus conflictos emocionales

El segundo requisito para ser apto para estar en pareja es «resolver tus conflictos emocionales». Y esto pasa por mantener una excelente relación contigo mismo, llevar una vida interior saludable y ser una persona consciente. En este estadio evolutivo ya no tienes temas pendientes ni demonios debajo de la alfombra. Tu soledad es tu refugio y tu templo. Del mismo modo que la medicina y la buena alimentación curan el cuerpo, ahora también sabes que el silencio y la meditación curan el alma. Un síntoma de madurez es permitirte sentir el aburrimiento. No es más que dolor reprimido, generado por el daño emocional que te has hecho a ti mismo a lo largo de la vida. Al abrazarlo y aceptarlo empiezas a transformarlo en serenidad, alegría y confianza. Entonces descubres lo maravilloso que es estar a solas contigo mismo, escuchando y sintiendo lo que ocurre en tu interior. Al estar bien de verdad, no esperas nada. Simplemente estás presente. Así es como sabes en cada momento cómo te encuentras y qué necesitas para preservar tu bienestar. Si meditas, florecerá el amor hacia ti y hacia tu pareja de forma natural. Sin meditación es muy poco probable que triunfe el amor. Parte del fracaso de la mayoría de los matrimonios es que ninguno de los dos es capaz de quedarse quieto, sentado consigo mismo, haciendo nada. De ahí que necesiten pelearse con lo externo para aliviar el malestar que sienten dentro. Cuando estás solo sin distracciones con las que entretenerte, sientes miedo y vacío porque comienza a desaparecer lo falso. Pero no te preocupes: aquello que pueda desaparecer merece la pena que desaparezca. No es tuyo. No eres tú. Lo genuino y auténtico en ti es lo que queda una vez rompes la carcasa y te liberas del condicionamiento.

56

Te responsabilizas de tu propia felicidad

Una persona que no sabe ser feliz por sí misma es un peligro social; se convierte en alguien que espera que otros le hagan feliz. Y dado que es una reclamación imposible de realizarse, termina pagando su infelicidad sobre los demás, empezando, cómo no, sobre su propio compañero sentimental. De ahí que el tercer requisito fundamental para ser apto para estar en pareja sea «responsabilizarte de tu propia felicidad». Llega un día en el que te miras a los ojos en el espejo y declaras con el corazón abierto no volver a delegar tu bienestar emocional en otra persona. Te das cuenta de que nadie merece llevar esa losa. Y mucho menos alguien a quien supuestamente amas. Tú eres el único que puede hacerte feliz. Esta certeza te lleva a hacerte cargo de ti mismo. Y dado que nadie te ha enseñado eso, no te queda más remedio que aprender de forma autodidacta a armonizar el cuerpo, la mente y el espíritu. En la medida en que te sientes mejor contigo mismo, empiezas a valorar, aprovechar y disfrutar mucho más de lo que tienes. En eso consiste el desarrollo espiritual. Además, al conocerte a ti mismo, sabes vivir sin lastimarte, sin perturbarte, sin hacerte daño emocionalmente. Ya no existe la palabra «culpa» en tu vocabulario. La has sustituido por «responsabilidad». Por fin has interiorizado que la única causa de tu sufrimiento es tu incapacidad de aceptar la realidad. Y para ello necesitas crecer en comprensión, consciencia y sabiduría. Solo así puedes relacionarte sin sufrir ni ser cómplice del sufrimiento ajeno. Y es que solo puedes amar a alguien si te sientes bien contigo mismo. Y solo puedes ser feliz si amas y te entregas a otros de verdad. Cuanto mayor sea tu bienestar interno, mayor será el bienestar que aportarás a tu relación de pareja.

Sabes qué quieres y qué puedes ofrecer

El cuarto requisito para ser apto para estar en pareja es tener muy claro «saber qué quieres y qué puedes ofrecer». Cada pareja que has tenido ha sido una inmejorable oportunidad para aprender acerca de ti mismo. Y es que son precisamente estos vínculos íntimos los que despiertan lo mejor y lo peor que hay en ti. Si los aprovechas, puedes iluminar tus zonas más oscuras, creciendo y madurando como ser humano. Con cada relación te vas descubriendo; vas sabiendo qué tipo de compañero puede complementarse mejor contigo, en caso de querer estar en pareja. Y es que puede que concluyas que prefieres estar solo. O que no quieres comprometerte con nadie por un tiempo prolongado. Ya no te preocupa lo que la gente de tu entorno pueda pensar. Ahora ya sabes que están todos igual o peor que tú. El molde de pareja convencional hace mucho que ha quedado obsoleto. De ahí que genere tanto conflicto y sufrimiento, dando como resultado en la gran mayoría de casos rupturas, separaciones y divorcios. Lo cierto es que el amor es tan creativo y abundante que tiene infinitas formas de manifestarse. Encuentra la tuya. Además, al ser una persona consciente ya no sueñas con la pareja ideal. Simplemente te comprometes con convertirte en la clase de persona que buscas. Tu transformación espanta a los fantasmas del pasado, desapareciendo el miedo a revivir el dolor que sentiste con tus exparejas. Solo así estás en condiciones de amar como si nunca antes hubieses sido herido. Pase lo que pase, ya no vuelcas en la nueva pareja el dolor de relaciones anteriores. Paradójicamente, al no tener ninguna necesidad de estar en pareja, te conviertes en un soltero de oro. Emanas un atractivo irresistible.

XVII

EN BUSCA DE UN COMPAÑERO DE VIAJE

Test de compatibilidad para elegir sabiamente

Tienes química y te vuelve loco en la cama

Elegir a tu pareja es sin duda una de las decisiones más importantes y extraordinarias de tu vida. Ten cuidado con terminar emparejándote con alguien por razones equivocadas. Para escoger sabiamente, haz uso de «la teoría de las cuatro C». Verifica que el elegido pasa con nota este test de compatibilidad. Antes de comprometerte seriamente, comprueba que existe una verdadera afinidad entre vosotros. La primera C tiene que ver con la compatibilidad en el ámbito de la «cama». Es la más primaria, animal e instintiva de todas. Si bien es puramente física, tiene todo que ver con la química. Para empezar, la que sucede en el cerebro cuando te enamoras. De hecho, el haberte enamorado locamente de alguien quiere decir que hay muchas posibilidades de que el deseo, la excitación y la pasión sexual sean más abundantes y sostenibles con el paso del tiempo. Que te vaya bien ya es otra cosa. Dependerá de más variables. Pero ojo: si de entrada no existe esta magia ni esta química entre vosotros, es mucho más difícil e improbable que disfrutes en la cama. Déjame que te lo diga sin pelos en la lengua: una pareja que no hace el amor está muerta. Y es que ya seas mujer u hombre, necesitas de buen sexo para sentirte bien contigo mismo. La calidad y la cantidad de tus encuentros sexuales revela el grado de bienestar en tu relación de pareja. Hacer el amor con amor es un indicador de conexión profunda. Refuerza vuestro vínculo. Si estás con alguien con quien no tienes química y no te vuelve loco en la cama, tu relación tiene fecha de caducidad. Por más que te empeñes, tarde o temprano os vais a distanciar. Aunque no lo creas, el sexo es el pegamento que mantiene unida a una pareja.

Te encanta abrazarlo, besarlo y sentir su piel

La segunda C tiene que ver con la compatibilidad en el ámbito del «corazón». Tiene que ver con el cariño, el afecto y la dulzura que os profesáis el uno al otro. En el caso de que exista este tipo de afinidad, te encanta sentir el roce de la piel de tu compañero sentimental. Es una sensación muy agradable y placentera. Por eso te gusta tanto abrazarlo y ser abrazado por él. Cada noche dedicáis un ratito para acurrucaros y achucharos en forma de cuchara. Y si bien la esencia sexual masculina tiende a abrazar a la esencia sexual femenina, seguro que alguna vez intercambiáis dichos roles. Sea como fuere, al fundirte en sus brazos te sientes en casa. Te conecta con el momento presente. Puedes incluso quedarte abrazado, en silencio, por largo tiempo. Perderte en su cuello y en su pelo te transporta a un maravilloso lugar donde vivirías para siempre. Además, te flipa como huele, lleve perfume o no. ¡Y qué decir de sus besos! ¡Y de su lengua! Poder besar a tu pareja es un regalo que la vida te hace diariamente. Otro indicador para saber si existe la compatibilidad afectiva con la persona que has elegido es el espacio que ocupan las caricias en vuestro vínculo íntimo. Acariciaros mutuamente con suavidad y delicadeza provoca que aflore la ternura y que aumente la sensibilidad, reforzando el lazo de amor que os une. No es casualidad que cuando estás en uno de esos momentos —a veces fugaces y pasajeros—, donde sientes que todo está bien, te acuerdes de tu pareja y sonrías. Entonces surge desde tu corazón un inmenso agradecimiento por poder compartir tu vida con esa persona. Te sientes muy afortunado de que te haya elegido. Por eso te lo curras para que te siga eligiendo, ligándotela cada día.

60

Es tu mejor amigo y no se te acaba la conversación

La tercera C tiene que ver con la compatibilidad en el ámbito de la «cabeza». Es decir, la que tiene que ver con el intelecto, la complicidad y la amistad. Tu pareja es tu mejor amigo. Es tu persona de confianza en el mundo. Es el primero con quien quieres compartir tus alegrías y necesitas expresar tus penas. En paralelo, también tienes intereses, inquietudes y hobbies en común, con lo que puedes montar planes que os apetezcan de verdad a los dos. Te lo pasas tan bien estando juntos que no necesitas de otras personas para divertirte. Cuando te pones a charlar con tranquilidad, sientes que la conversación no se acaba nunca. Que puedes debatir acerca de diferentes temas, estés de acuerdo o no con él. Es tal la complicidad entre vosotros que no hay lugar para el aburrimiento ni tampoco para los silencios incómodos. En el caso de tener que asistir a algún compromiso social que te dé palo o te resulte un *papelón*, das gracias por poder ir de su mano. Pongamos por ejemplo que asistes a la boda de esa prima que no has visto en tu vida. Menudo coñazo, ¿verdad? Pues bien, la complicidad con tu pareja te permite ir en plan equipo. Por eso durante la velada, de vez en cuando la miras a los ojos con discreción. Y no hace falta que te diga nada para saber lo que está pensando. Y una vez en casa, te encanta comentar la jugada, hablando de lo que ha pasado y de cómo os habéis sentido. Es una oportunidad para reíros, algo que haces a menudo mientras pasáis tiempo juntos. Debido a esta afinidad intelectual, cuando os relacionáis con otras personas transmitís muy buen rollo como pareja. Estáis tan a gusto entre vosotros que es fácil que los demás se sientan del mismo modo estando a vuestro lado.

61

Compartes valores y miras en una misma dirección

La cuarta C tiene que ver con la compatibilidad en el ámbito de la «consciencia». Es decir, el que tiene que ver con la dimensión espiritual, con la finalidad trascendente (o no) que le das a tu existencia. Comprueba que cree en tus sueños, te apoya en tus aspiraciones y mira en la misma dirección que tú. Y es que la vida es un camino de aprendizaje. De ahí que sea esencial elegir a la compañía adecuada. Y no para llegar a un destino en concreto, sino para aprender y disfrutar al máximo del camino. En el caso de que haya afinidad, compartes una serie de valores y más o menos priorizas las mismas cosas que tu pareja. De este modo construyes un estilo de vida por consenso, respetando las necesidades y motivaciones de cada uno. Llegado el caso, tienes facilidad para ponerte de acuerdo y establecer pactos que favorezcan la mutua convivencia. Además, al estar comprometido con tu propio crecimiento personal, aprendes mucho de tu compañero sentimental. De hecho, cuando emerge el conflicto, afrontas estas situaciones de forma directa, abierta y honesta. Utilizas la comunicación para revisar y actualizar aquellos acuerdos conyugales que te impiden evolucionar como individuo. Eso sí, al hacerlo, ya no juzgas ni faltas al respeto. Has aprendido a dejar el ego de lado para ceder y adaptarte con flexibilidad a las necesidades del momento. Para saber si la persona que has elegido es un verdadero compañero de viaje comprueba que obtiene buena notal en el test de compatibilidad de las cuatro C. En el amor, como en el resto de asuntos verdaderamente importantes de la vida, no es una cuestión de razón, sino de intuición. Elige con el corazón; eso sí, de forma consciente.

XVIII

EL AMOR Y LA LIBERTAD EN PAREJA

Pilares sobre los que edificar una relación

62

El verdadero amor nace de tu felicidad

En la gran mayoría de los matrimonios decir «te quiero» suena a hueco. No hay hechos que respalden estas palabras. De ahí que carezcan de sustancia y sean tan poco nutritivas. Esta es la razón por la que el corazón se mantiene permanentemente vacío, siempre deseando *algo más*. Esa es tu desgracia y la de toda la humanidad. Para que tu relación de pareja sea sostenible y satisfactoria tiene que construirse sobre dos pilares fundamentales: el primero es el «verdadero amor», nada que ver con el sucedáneo al que estás tan acostumbrado. Si bien está latente en el interior de todos los hombres y mujeres, esta cualidad es la máxima expresión de la esencia sexual femenina. Eso sí, solo por medio de un proceso de aprendizaje y evolución puede llegar a desplegar todo su potencial al servicio de tu relación, transformando completamente tu forma de relacionarte. Por más que los poetas de todos los tiempos lo hayan intentado, es imposible poner en palabras lo que es el verdadero amor. Hasta que no lo experimentes seguirás sin tener ni idea de lo que es. Y no hay tierra más fértil para que florezca que tu propia felicidad. Tu capacidad de amar es directamente proporcional a tu nivel de bienestar. Eso sí, para sentirte bien contigo mismo es imprescindible que te ames. Que te des mucho amor al menos tres veces al día: una al levantarte, otra después de comer y una última antes de dormir. El amor te transforma. Te eleva. Te convierte en alguien amoroso con mucho amor que dar. Si bien amar no te cuesta nada —es completamente gratis—, te vuelve inmensamente rico. Y también generoso. Te posibilita ser 100 % cómplice del bienestar de tu pareja, creando las condiciones más favorables para que se haga feliz a sí misma.

Cuanta más libertad das, más amor recibes

El verdadero amor siempre se manifiesta a través de estímulos amables y constructivos. Solo sabe ser empático y asertivo. Hace y dice lo preciso, del modo adecuado y en el momento oportuno. Y se alegra de ver a su pareja contenta, sea por el motivo que sea. Jamás interfiere ni se interpone en la felicidad del otro. No es celoso ni posesivo. Da y no espera recibir. Da porque no hay nada más maravilloso que dar. El amor beneficia mucho más al que ama que al ser amado. Amar te llena de amor. Te da energía y te renueva. Sana todo tu dolor y cicatriza todas tus heridas. Nutre tu alma. Y estimula tu consciencia. Te ayuda a estar presente, valorando, disfrutando y aprendiendo de cada situación. Es el motor que te lleva a dar lo mejor de ti mismo. El verdadero amor es como una semilla que requiere de libertad para poder florecer y exhalar su aroma. No es algo que puedas forzar, imponer, obligar ni exigir. No lo puedes pedir; tan solo puede darse. Es un acto voluntario. Una decisión personal. Un compromiso que se adquiere de forma madura y consciente. Surge de la libertad de cada individuo. Cuando amas de verdad respetas la independencia del otro sin renunciar a la tuya. Ni posees ni eres poseído. Del mismo modo que agradeces que se respete tu individualidad, ni se te ocurre limitar, obstruir o coartar la autonomía de tu pareja. El amor sin libertad es una esclavitud. El verdadero amor nace de la libertad y también la refuerza. Paradójicamente, cuanta más libertad das, más amor recibes. Todo el amor que das, la vida te lo devuelve multiplicado, regresando a ti desde diferentes lugares y de todas las maneras posibles. Te abre las puertas de la abundancia de par en par, pasando de ser un mendigo a convertirte en un emperador.

64

La auténtica libertad surge de tu confianza

En el nombre de la seguridad, muchos matrimonios convencionales aniquilan la libertad, atando su relación a una bola y una cadena. Sé sincero: en lo más profundo de tu corazón no confías en tu pareja. ¡Cómo vas a hacerlo si no confías en ti mismo! De ahí que la espada de Damocles cuelgue sobre tu relación. Debido a tu falta de autoestima, crees que no eres lo suficientemente valioso. De ahí que alimentes miedos irracionales sobre lo que tu compañero pudiera hacer si tuviera más espacio y gozara de más independencia... Sin embargo, el segundo pilar fundamental para que puedas disfrutar por mucho tiempo de una pareja es la «auténtica libertad», la máxima expresión de la esencia sexual masculina. Y, por favor, no caigas en el error de confundirla con libertinaje. Es decir, con hacer siempre lo que te apetezca, sin tener en cuenta las necesidades del otro. La libertad sin amor es indiferencia. La auténtica libertad es una semilla que crece gracias a la confianza, el compromiso y la lealtad. Es decir, el pacto sagrado que estableces con tu compañero sentimental. Cada pareja está llamada a alcanzar sus propios acuerdos en base a la singularidad de cada persona. Para lograrlo, ambos han de conocerse a sí mismos y entre sí. Inspirado por la libertad, comprendes que nadie pertenece a nadie, pues el amor no es una propiedad privada. Y que si pasas demasiado tiempo con tu pareja, tarde o temprano uno de los dos empezará a huir, alejarse y distanciarse. La paradoja es que cuanto más juntos estéis, más separados tenderéis a sentiros. El reto es aprender a confiar el uno en el otro, haciendo uso de la libertad con madurez, consciencia y responsabilidad. No lo dudes: sé cómplice de la libertad de tu pareja para que elija qué hacer con su vida aunque no te incluya. Eso es amar con mayúsculas.

Cuanto más amor das, más libertad recibes

La auténtica libertad se sostiene sobre un profundo desapego hacia el otro. Si te aferras a tu pareja, destruirás el amor mismo al que te aferras. En cambio, cuando trasciendes tu estado de dependencia, empiezas a poder darle lo que de verdad necesita: amor incondicional. Curiosamente, desde el desapego entiendes que no puedes dar libertad. Más que nada porque es un derecho inherente a cualquier ser humano. Tan solo puedes reconocer, aceptar y respetar la independencia y autonomía de tu compañero sentimental. Es entonces cuando dejas de esclavizarlo y de esclavizarte. Al emplear con sabiduría tu propia libertad, comprendes que su libertad no puede hacerte daño. Si no lo has hecho ya, atrévete a sacar el amor de la jaula. Déjalo ir. Si vuelve es porque verdaderamente elige estar contigo. Y te escoge precisamente por ser una persona amorosa. Por lo mucho que lo amas. No le tengas miedo a la libertad. ¡Madura de una vez! Hazte responsable de tus pensamientos, palabras, decisiones y acciones. Sé la mejor opción del mercado para tu pareja. Recupera el espíritu y la forma de relacionarte de cuando erais novios. Recuerda cuando no os veíais cada día. Antes de quedar, te preparabas para estar en disposición de gozar al máximo el tiempo que estuvierais juntos. No dabas al otro por sentado. Te lo tenías que currar. Sabías que no te pertenecía. Que era libre. Y que te elegía cada día. Recuerda cómo la distancia mantenía vivos la atracción y el deseo. Había espacios para echaros de menos. La paradoja es que cuanta más libertad das, más amor recibes. Movido por el compromiso —y no por la obligación—, tu pareja se siente con mucha más energía y entusiasmo para amarte de verdad.

66

El amor y la libertad ahuyentan los miedos de tu ego

Lo peor que te puede pasar en una relación que promueve la auténtica libertad es que —en caso de ruptura— acabes aprendiendo una valiosa lección de la vida: que no erais compatibles como pareja. Y que no valía la pena renunciar al ego para vivir juntos. ¿Tanto miedo le tienes a eso? Todo lo que necesitas para ser feliz está dentro de ti. Tu felicidad no tiene nada que ver con el otro. En el instante en el que lo interiorizas, comprendes que el apego y la dependencia no sirven para nada más que para generar conflictos y sufrir. Y lo más grave: ¡que no tienen nada que ver con el verdadero amor! No se trata de la cantidad de tiempo que pasáis juntos, sino de la calidad de lo que compartís. Al relacionarte desde la auténtica libertad, ya no le pides a tu pareja que cumpla tus expectativas. Simplemente vives y la dejas vivir. Así es como te ganas su confianza. Partes de la base de que ni tú ni ella estáis obligados a nada. Así es como desaparecen de golpe y porrazo la tensión, la resignación, el reproche o el rencor. Cuanto más espacio os dais mutuamente, más juntos os sentís y mayor es vuestra intimidad. El amor y la libertad son fruto de un profundo cambio de paradigma en tu manera de percibirte a ti mismo y de concebir tus relaciones de pareja. Al experimentar esta revolución en tu consciencia, poco a poco se va diluyendo tu ego, desvaneciéndose todos sus complejos y miedos. Si realmente quieres que haya un lugar para la pareja en tu vida, no te queda más remedio que dejar de ocupar tanto espacio. Decidas lo que decidas, nunca olvides que el amor y la libertad son las dos alas de un mismo pájaro. Ambas son necesarias para que tú y tu pareja podáis volar juntos, cada uno por separado.

Dale una oportunidad al *part-time marriage*

En el momento en que tu pareja y tú honréis y respetéis el amor
y la libertad que constituyen vuestra verdadera naturaleza, es-
taréis en disposición de redefinir vuestra relación. Es entonces cuando podéis abriros a explorar el *part-time marriage*, una
nueva tendencia social en auge entre las parejas más progresis-
tas. En esencia, el «matrimonio a tiempo parcial» consiste en
construir un vínculo que os permita estar juntos, pero no atados. Esta modalidad consiste en promover más espacios de individualidad, de manera que podáis echaros de menos. El objetivo es recuperar el espíritu de cuando erais novios. Que hayáis
decidido uniros en pareja no quiere decir que tengáis que veros
cada día ni dormir juntos todas las noches. Lo importante es
que gocéis de tiempo de calidad, viéndoos cuando os apetezca
de verdad. Así, se trata de sentarse y conversar, estableciendo
acuerdos que garanticen una sólida organización logística, económica y familiar, sin tener que hacer todo juntos en cada momento. En este sentido, hay parejas en las que uno de los dos
miembros duerme fuera de casa un par de días a la semana.
Otros pasan un fin de semana juntos y el siguiente, por separado. Paradójicamente, al gozar de más espacio, el matrimonio a
tiempo parcial fomenta que desaparezca la sensación de estar
sobrerrelacionados, así como los inevitables roces causados por
la hiperconvivencia. A su vez, aumenta la conexión emocional y
enciende nuevamente la pasión sexual. La clave para que este
nuevo formato de pareja funcione es que se sostenga sobre la
madurez, el respeto, la confianza y la responsabilidad. El único
obstáculo para ponerlo en marcha es el miedo a lo desconocido.
Sin embargo, viendo el panorama de separaciones y divorcios,
¿qué es lo peor que puede pasar por darle una oportunidad?

Entre los separados triunfa el *living apart together*

Puede que pienses que a ti nunca te pasará lo mismo que le sucede a la mayoría de los matrimonios que terminan disolviéndose. Sin embargo, a menos que adoptes una nueva visión sobre la relación de pareja es casi seguro que acabes comprobando que estás equivocado. Y si no pregúntaselo al colectivo de separados. Hoy en día muy pocos vuelven a casarse, repitiendo el mismo tipo de relación basado en la convivencia diaria. Los más abiertos de mente confiesan que ese fue precisamente el gran error que cometieron: pasar demasiado tiempo junto a su compañero sentimental. Es más, muchos de los que vuelven a estar en pareja optan por otra corriente en auge denominada *living apart together*. En esencia, «vivir separados pero juntos» consiste en mantener una relación seria y estable sin llegar jamás a compartir el mismo domicilio. Cada uno vive en su propia casa. Y, del mismo modo que hacen los novios, de vez en cuando duermen juntos, preservando así su legítima individualidad. Además de triunfar entre los separados y divorciados más liberales, esta nueva modalidad también tiene cada vez más seguidores entre los jóvenes. No en vano, ¿para qué irse a vivir juntos si están bien estando solos en un apartamento o compartiendo piso con algún compañero? Lo cierto es que la principal razón por la que una pareja se establece en una sola vivienda suele ser económica. Y dado que la arquitectura de los edificios todavía no se ha adaptado a estas nuevas necesidades, el «vivir juntos pero separados» es un lujo que muchos no pueden permitirse. En el futuro existirán viviendas de diferentes tamaños y gustos, de manera que se facilite que cada pareja elija el modelo de convivencia que verdaderamente más le convenga, en vez de acogerse a la única opción disponible hoy en el mercado.

XIX

LA COMUNICACIÓN ARMÓNICA Y ASERTIVA

Cómo mantener conflictos saludables

Háblale a tu pareja desde el corazón

La sociedad te ha impuesto un molde de relación que no tiene en cuenta tu verdadera naturaleza. La cagada es que das por hecho muchas cosas de las que nunca has hablado con tu pareja. Ninguno de los dos sabéis cuáles son vuestras verdaderas necesidades. De ahí que no os quede más remedio que emplear equivocadamente la especulación y la suposición. La constante frustración que sentís no es más que el resultado de todas aquellas expectativas no expresadas ni cumplidas. El gran problema de casi todos los matrimonios tradicionales es que no se comunican. Puede que hablen entre sí, pero no establecen un contacto profundo y real con el otro. Principalmente porque hacerlo les conduce hacia una dirección aterradora: empezar a escucharse y conversar consigo mismos. Es muy difícil que seas honesto con tu pareja si no eres honesto contigo primero. Así de simple. ¿Cómo vas a respetar su singularidad si no respetas la tuya? No puedes. Para que tu relación de pareja pueda evolucionar satisfactoriamente con el paso del tiempo, es fundamental que os convirtáis en dos maestros en el arte de la «comunicación consciente». Es decir, aquella que os permita poner sobre la mesa asuntos delicados e incómodos, planteándolos de forma armónica y discutiéndolos con asertividad. Que tengáis un conflicto de intereses no quiere decir que tengáis que entrar en conflicto como pareja. Ni mucho menos agrediros verbalmente. Es indispensable que venzas los miedos que te impiden ser auténtico. ¡Tienes todo el derecho a ser tú mismo, seas quien seas! ¡Quítate de una vez la careta! Atrévete a mostrarte desnudo, tal como eres. Mira a tu pareja a los ojos y háblale desde el corazón acerca de cómo necesitas que sea vuestro vínculo amoroso.

Estás condenado a llegar a acuerdos con tu pareja

Por más afinidad y complicidad que tengas con tu pareja, el desacuerdo es inevitable. Sois dos personas diferentes. De ahí que para mantener una convivencia pacífica necesites saber conciliar estas diferencias. La comunicación consciente es la herramienta que te permite dialogar con tu compañero con el objetivo de llegar a acuerdos sobre el funcionamiento interno de vuestra relación. Es esencial que le saques el polvo a dos habilidades muy poco entrenadas. La primera es la «empatía». Ponerte en la piel del otro. Comprender su mundo interior. Lo cierto es que tienes dos oídos y una boca, pero hablas el doble de lo que escuchas. Una cosa es oír lo que dice. Y otra bien distinta, escucharle con empatía. Para lograrlo te has de vaciar de ti primero, dejando el ego a un lado. De este modo no te tomas al otro como algo personal ni te perturba lo que pueda decirte. Ahí es donde entra en juego la segunda habilidad: la «asertividad». Es decir, la capacidad de expresar tu verdad de tal modo que no ofenda a tu pareja. Y esto pasa por emplear la sensibilidad, el tacto, la suavidad y la delicadez. De este modo, puedes hablar de cualquier cosa, por muy incómoda que sea. Al mismo tiempo, evitas que la mentira, la ocultación y el engaño se instalen en el seno de tu relación. Si tu prioridad es la conciliación, el desacuerdo te permitirá crecer como individuo y evolucionar como pareja. Eso sí, una cosa es el acuerdo y otra, el compromiso. Tienes derecho a estar en desacuerdo, pero no a obligar que el otro se comporte como tú quieres. Si lo fuerzas, exiges o manipulas, la cosa jamás funcionará. Y si decirle la verdad es demasiado insoportable, tampoco deberías estar con esa pareja. No seas tozudo. Pasa página. A otra cosa, mariposa.

Limpia los trapos sucios de vez en cuando

El primer gran acuerdo consiste en llegar a un pacto con tu pareja acerca de cuándo, dónde y cómo vais a comunicaros conscientemente. Del mismo modo que haces una lavadora de vez en cuando para limpiar tu ropa, es totalmente necesario que hagas una «lavandería emocional» de tanto en tanto para mantener *limpia* vuestra la relación. ¡Los trapos sucios hay que lavarlos de forma regular! Estableced un momento y un lugar donde poder conversar sobre lo que de verdad importa. Quedar los domingos para comer solos en un restaurante que os guste a los dos es un magnífico sitio donde compartir cómo os sentís el uno con respecto al otro. Las cosas nunca hay que hablarlas en caliente. ¡Discutir es una pérdida de tiempo! Es básico aplazar estas conversaciones hasta que los ánimos estén calmados. Para hablar de ciertos temas es esencial estar tranquilo y relajado. Al planificar este tipo de encuentros, creas un marco en el que puedes hablar sobre la relación con más perspectiva. Esto permite adoptar una actitud más flexible ante los comentarios y planteamientos de tu compañero. Va muy bien respetar el turno de palabra y no interrumpir. Tampoco caigas en el error de confrontar su ignorancia. Si todavía crees que puedes cambiar a tu pareja es que no has entendido nada. Al conversar con madurez vas limando asperezas y estableciendo acuerdos de forma voluntaria. Y con estos aparecen el compromiso, la estabilidad y la satisfacción. Curiosamente, cada negociación encierra una paradoja: si cedes, ganas. Ganas en desarrollo espiritual. Es decir, en humildad, tolerancia, desapego y otras virtudes. Y si antepones las necesidades de tu pareja a las tuyas, creces. Creces en amor, bienestar y felicidad. Pruébalo y luego me cuentas.

La energía masculina (yang) ha de aprender a escuchar

Si eres hombre es probable que te cueste escuchar. No es ningún estereotipo. Es simplemente la verdad. Debido a tu esencia sexual masculina, cada vez que tu pareja te habla de sus problemas enseguida la interrumpes, tratando de arreglar su estado de ánimo. Su apertura emocional te hace sentir incómodo. Por eso enseguida te empeñas en darle soluciones que pongan fin al asunto. Sin embargo, actuando de este modo tan solo complicas las cosas. En el fondo, ella solo está buscando desahogarse. Manifiesta sus sentimientos para intimar contigo. Irónicamente, cuanto más la escuchas, más posibilidades hay de que te tenses. Y cuando estás tenso, no eres tú quien habla, sino el ego. Al hablar alterado, tu tono de voz también se altera, adoptando una actitud ofensiva. Esta es la razón por la que tu pareja tiende a ponerse a la defensiva. El gran reto para lo masculino es aprender a escuchar empáticamente. La próxima vez que tu pareja empiece a compartir sus inseguridades y preocupaciones, limítate a validar y respetar sus emociones. En vez de mirarla como un carburador estropeado que necesita ser arreglado, obsérvala como una flor que necesita ser regada con amor. Que ella te cuente que no está a gusto con su jefe no es un problema. Es un estado de ánimo pasajero. Tiene un principio y un fin. Pero no tiene solución. Lo mejor que puedes hacer es acompañarla en el proceso. Primero escúchala con toda tu atención. Y cuando sientas que se ha desahogado, abrázala. Mírala a los ojos. Dile que la quieres. Dale un beso con ternura. Hazla reír. En la medida que se sienta apoyada y querida por ti, ese sentimiento se evaporará de forma natural. Entonces ella te dará las gracias. Y tú sentirás que no hay por qué, pues no has hecho nada.

La energía femenina (yin) ha de aprender a confiar

Si eres mujer, es probable que te cueste confiar y soltar el control. No es un prejuicio. Es una realidad. Debido a tu esencia sexual femenina, cuando tu pareja se encuentra frente a una adversidad, das por hecho que agradecerá toda la ayuda que le puedas prestar. Por eso tiendes a darle consejos que no te pide. En el fondo lo haces porque te gusta controlar las cosas. La incertidumbre te pone nerviosa. Actuando así, el hombre siente que no confías en su capacidad de superar los obstáculos que puedan surgir en el camino. La próxima vez que lo veas preocupado por no lograr uno de sus objetivos, déjalo tranquilo. No le digas lo que tiene que hacer. Acepta la situación. Mantente en silencio. Y confía en que podrá conseguirlo por sí mismo. Que se pierda al volante del coche no es un problema. Es un reto. Una oportunidad para demostrar su valía. Piensa que los hombres son muy susceptibles en este sentido. Por eso suelen tomarse tus comentarios bienintencionados como juicios y críticas. Déjame explicártelo mediante una analogía muy bonita: el baile. No importa si es swing o bachata. En él lo masculino danza con lo femenino, estableciendo una conexión tan profunda que llega un momento en que ninguno de los dos bailarines sabe dónde empieza uno y dónde termina el otro. Se convierten en el baile. Pues bien, el primer día que vas a una clase de swing aprendes una lección muy valiosa para entender las relaciones de pareja: que el hombre es el líder y la mujer, la seguidora. Es decir, que lo masculino ha de liderar con seguridad los pasos y los movimientos, mientras que la mujer ha de soltar el control, dejándose llevar por su pareja de baile. De este modo los dos ponen lo mejor de sí mismos al servicio del otro. Así es como ambos gozan mucho más del baile de la vida.

XX

LA SEXUALIDAD CONSCIENTE
Reflexiones para reinventar el sexo

Vuélvete un amante tántrico

No importa el grado de compromiso ni de intimidad. Ni tampoco la orientación sexual. Cada vez más amantes y parejas, tanto heterosexuales como homosexuales, están transformando su forma de vivir la sexualidad, de manera que el deseo y la pasión sexual sean más profundos y duraderos. Si ese es tu caso, más allá de obtener placer, en tu corazón late la necesidad de recuperar el valor sagrado que implica sentirte unido a tu pareja. Prueba de esta necesidad emergente es el auge del Tantra en la sociedad. Más allá de su connotación sexual, esta palabra significa «expansión» y representa toda una filosofía de vida. Su origen se encuentra en una serie de libros hindúes que describen ciertos ritos y disciplinas orientados a vivir con consciencia la sexualidad, entre otras cuestiones existenciales. Estos textos fueron escritos hace más de dos mil años en forma de diálogo entre el dios Shiva y la diosa Shakti, que simbolizan lo masculino y lo femenino, respectivamente. Desde la perspectiva tántrica, el sexo es el puente que te permite fusionarte con tu pareja, volviéndote *uno* con ella. Y es precisamente la experiencia de esta unidad la que te llena de dicha, renovando tu energía vital y potenciando el vínculo afectivo con tu compañero sentimental. La práctica del Tantra consiste en abandonar cualquier meta impuesta por la mente, aprendiendo a estar más conectado a tu cuerpo durante el acto sexual. De hecho, propone cambiar el lenguaje con el objetivo de sacralizar la unión entre la energía sexual masculina y la femenina, honrando y dignificando la sexualidad. Por ejemplo, al pene lo denomina *lingam*, que significa «vara de luz». Y a la vagina, *yoni*, que quiere decir «espacio sagrado». Suenan mejor que «polla» y «coño», ¿no?

Queda con tu pareja para hacer el amor

A diferencia del sexo convencional, en el que se sobrevalora el impulso y la espontaneidad, el Tantra te anima a preparar cuidadosamente tus encuentros sexuales. Emplea tu imaginación y creatividad para convertir vuestro dormitorio en un auténtico «templo del amor». No te cuesta nada poner música suave y encender unas velitas. Otro aspecto a tener en cuenta es la duración del acto sexual. No se trata de demonizar los arrebatos fugaces —más conocidos como «aquí te pillo, aquí te mato» o *quickies*—, en los que el hombre termina cuando la mujer todavía no ha empezado. Sin embargo, el sexo consciente requiere de un espacio, ritmo y tiempo determinados. Míralo como un regalo que tu pareja y tú os hacéis mutuamente. Es un momento para olvidaros del mundo, conectando y sintiéndoos el uno al otro de verdad. Debido a la sexualidad femenina, los «juegos preliminares» son esenciales. Que tenga que recordarlo pone de manifiesto lo masculinizado que sigue estando el sexo contemporáneo. En fin. Agasajar a tu pareja con un masaje relajante puede ser un buen comienzo. Para no ser nuevamente víctimas de la coitocracia, tienes que aprender a poner consciencia en la respiración. Especialmente si eres un hombre. Cuanto más corta y acelerada, más esclavo eres de los impulsos que te mueven a culminar el acto sexual por medio de un espasmo eyaculatorio. En cambio, cuanto más profunda y relajada, mayor será tu control y tu capacidad de disfrutar la inmensa gama de sensaciones que te ofrece el sexo. No se trata de ir a por ningún récord. Sino de que estéis el tiempo necesario para que el sexo os renueve física y espiritualmente. La finalidad del sexo consciente no es lograr el orgasmo, sino experimentar el éxtasis. Prioriza calidad versus cantidad. No lo dudes, folla con consciencia.

76

¿Qué significa ser romántico para ti?

El romanticismo tiene dos significados muy diferentes en función de si eres hombre o mujer. Para la esencia sexual femenina, consiste en algo parecido a esto: cenar con su pareja al aire libre, de noche, a la luz de las estrellas, con música lenta de fondo, bebiendo un buen vino y manteniendo una agradable conversación mientras disfruta de una sabrosa comida. Para que este acontecimiento sea perfecto, si eres hombre no puedes pretender que lo organice ella. Preguntarle dónde quiere ir a cenar puede ser ofensivo para ellas. Indirectamente, le estás diciendo que no te tomas la molestia de currártelo. Para que la mujer esté radiante tiene que poder relajarse en su feminidad. Libérala de estar al cargo. Monta tú el plan. Sorpréndela reservando una mesa en un sitio nuevo que le guste. Si quieres que se abra de piernas para ti, primero tienes que abrir tu corazón para ella. Hazle por lo menos un detalle cada semana. Cualquier tontería que le arranque una sonrisa. Prepárale el desayuno. Róbale un beso. Ve a buscarla al trabajo. Lo importante es que estos actos muestren lo mucho que te importa y piensas en ella. En cambio, para la esencia sexual masculina, el romanticismo es otra cosa, mucho más simple. ¡Olvídate de una cena bajo las estrellas! Para el hombre, no hay mayor acto romántico que te vistas con lencería sexy y lo esperes en la cama, lista y deseosa de hacer el amor. Y también que seas flexible y respetuosa cada vez que se va a su cueva o queda con sus amigos. Cuanto más romántico se muestra el hombre a la manera de la mujer, más romántica se vuelve ella según las preferencias del hombre. Uno se vuelve más detallista y la otra, más felina.

Si impones la monogamia te acabarán siendo infiel

Espero no escandalizarte: la mayoría de las parejas son infieles. Y no es para menos. La monogamia es antinatural. El imperativo legal de guardarse fidelidad está condenado al fracaso. La obligación no tiene nada que ver con el compromiso. Imponer la monogamia suele dar como resultado el engaño y la traición. Imagina que tu plato favorito son los espaguetis a la boloñesa. ¿Qué pasaría si te sintieras forzado a comerlos para desayunar, al mediodía y también para cenar? Cada día. Durante años. Con el tiempo acabarías harto, perdiendo el gusto y el placer de comerlos. Imagina, además, que durante ese tiempo tampoco puedes ingerir otros alimentos. El resto de platos están prohibidos. Dicha represión generaría un mayor deseo por comer lo que sea, ¡cualquier cosa! Esto es lo que está sucediendo hoy en día. No estoy diciendo que tengas que renunciar a tu plato favorito, sino que contemples la *posibilidad* de variar de vez en cuando. Curiosamente, hay personas que prefieren que su pareja les sea infiel a plantear la «libertad sexual» en el seno de su relación. Por más que le duela al ego, hombres y mujeres son libres para probar la comida que quieran. Libérate de la moral y la culpa. Atrévete a mirar a tu pareja a los ojos y mantener este tipo de conversaciones incómodas. Dialogad, llegad a acuerdos y estableced compromisos basados en vuestra verdadera naturaleza. La paradoja es que el día que os permitáis ser libres para estar con otras personas, poco a poco la represión desaparecerá y, con ella, también el deseo y la promiscuidad. De pronto te verás haciendo uso de tu libertad sexual con madurez y sabiduría. Y quién sabe, puede que hasta abraces la monogamia de forma voluntaria, disfrutando del sexo más que nunca.

XXI

LA LETRA PEQUEÑA DE LA PATERNIDAD

Lo que nadie te explica sobre tener hijos

Tener un hijo es la experiencia más desafiante de la vida

La experiencia de la maternidad y la paternidad es sin duda la más bonita de la vida. Pero también la más agotadora y desafiante, especialmente durante los primeros años. De ahí que antes de traer un bebé al mundo, más vale que estés muy bien preparado e informado. Si ya de por sí estar en pareja suele dar lugar a muchos problemas, en el momento en que pasáis de ser dos a tres, los conflictos se multiplican. Los hijos no unen a las parejas ni las hacen más felices; más bien destapan las verdades que se ocultan debajo de la alfombra sobre la que tu pareja y tú habéis construido vuestro hogar. Para empezar, vas a presenciar cómo se revolucionan los egos de tu entorno social y familiar ahora que vas a ser madre. En el preciso instante en que les das la noticia, descubres que todos son expertos en materia de educación y maternidad. Ni te imaginas la cantidad de consejos que vas a recibir sobre cómo vivir este acontecimiento tan decisivo, ¡muchos de ellos totalmente contradictorios! Y es que dado que cada bebé es único y cada pareja es diferente, no te va a quedar más remedio que aprender a través de tu propia experiencia. Una cosa es lo que crees que es la paternidad y otra, infinitamente distinta, lo que realmente implica ser padre. Es imposible saber de antemano lo mucho que la llegada de tu primer hijo va a cambiarte la vida. ¡Y qué decir del parto! Ver en vivo y en directo cómo un diminuto ser humano —de color rojo y morado, lleno de sangre y mucosas— se asoma desde el interior de la mujer es una experiencia mitad mágica, mitad gore, completamente imposible de olvidar. ¡Madre mía, la cantidad de olores, colores y sonidos nuevos que vas a experimentar!

Prepárate para flipar con tu economía familiar

Nada más nacer el bebé, te encuentras sosteniendo en tus brazos a una cosita muy tierna, inocente y frágil. Eso sí, siguiendo el protocolo y la tradición, durante tres días tendrás que lidiar con hordas de familiares llenando de ruido y de regalos la habitación del hospital, lo cual en ocasiones es más agotador que el parto en sí mismo. Te recomiendo que te recuerdes que todas esas personas tienen las mejores intenciones. Muy pocos se dan cuenta de que en realidad lo que más necesitas es estar a solas con tu pareja y vuestro hijo. Quien de verdad te quiere y te respeta, tendrá la decencia de llamarte o de escribirte un whatsapp, yéndote a ver cuando ya estéis instalados en casa. Por otro lado, más te vale contar con hermanos mayores de quien heredar o tener un colchón bien mullido, pues el desembolso que debes realizar para afrontar el primer año se sitúa en torno a los 5.000 euros. Esta cantidad incluye la cuna, el carrito, la sillita para el coche, la ropita, los biberones, las papillas, los pañales, las toallitas limpiadoras, los chupetes, las medicinas, las cremitas, la ropa premamá y los sujetadores de lactancia. Me sabe mal decirte que este presupuesto no contempla *lujos* como la bañerita, el cambiador, el mobiliario para la habitación, los juguetes, los libros, la canguro, la guardería o los complementos vitamínicos. Para no desesperarte, piensa en estos gastos como una buena inversión. Y mientras te haces a la idea, asume que no vas a tener sexo durante una temporada. Como pareja has de pasar cuarenta días de «cuarentena sexual». Si eres hombre, tendrás que conformarte con tu mano derecha. Y si tienes suerte, puede que incluso cuentes con la boca de tu mujer. Sea como fuere, tendrás que pelear por sus pechos.

80

Los hijos sacan lo peor y lo mejor de ti

Es imposible remediarlo: el bebé os convierte en *papá* y *mamá*, enterrando al hombre y la mujer que hay debajo. Este nuevo rol te lleva a conocer aspectos de ti mismo que desconocías. Al trastocar tu estilo de vida, en muchos casos el cansancio acumulado provoca que aflore tu lado más sombrío y oscuro, poniendo de manifiesto el tipo de persona que eres. ¡No es casualidad que durante los cuatro primeros años desde la llegada del primer hijo se produzcan tantas separaciones! De pronto te das cuenta de con quién te has casado. Es imposible que una pareja sobreviva a menos que cultive la comunicación, la complicidad, la empatía, la flexibilidad, la paciencia, el respeto y la generosidad. Si tienes padres o suegros, ojalá mantengas buena relación para pedirles ayuda sin pagar algún peaje emocional a cambio. Es fundamental que dediques tiempo y espacio a tu pareja y también a ti mismo. Si no lo haces, ¡te volverás literalmente loco! Acabarás agotado y desquiciado, yendo por la vida como un zombi. O peor aún, pagando tu mala leche con tu hijo porque no se comporta como tú necesitas que se comporte para poder tener un instante de paz y tranquilidad. Desde aquí mando un abrazo lleno de energía a aquellos padres y madres que no tienen ni pueden permitirse ningún tipo de ayuda externa. La verdad es que el dinero invertido en alguien que amorosamente pueda cuidar a tus hijos durante algunas horas al día es el dinero mejor invertido. Te permite dedicar a tus retoños tiempo de calidad, disfrutándolos de verdad. No se trata de subcontratar la paternidad —dejando a tu hijo en manos de una canguro las veinticuatro horas del día—, sino de encontrar la manera de *encontrar* el equilibrio. No cometas el error de sentirte culpable si te separas temporalmente de tus hijos.

Olvídate de dormir durante varios años

Los bebés son criaturas adorables. Pero dado que no pueden valerse por sí mismos, enseguida se apegan al afecto de mamá y la seguridad de papá. Al vivir en modo supervivencia, son tremendamente dependientes y demandantes. Y son tan egocéntricos que no ven a nadie más que a sí mismos. Necesitan el 100 % de tu atención; no se conforman con menos. Si la mujer decide darle el pecho, el bebé se pasará enganchado a su teta una media de seis horas diarias. No en vano, hay que darle de comer cada tres horas. También hay que limpiarle el culito y cambiarle de pañal unas siete veces por día, así como ponerle y quitarle la ropita, bañarlo, darle mimos, jugar con él y estar a su lado en todo momento para que no se sienta solo y no se haga daño. Te lo digo en plan mono y bonito para que no te cagues encima. Y espera, que eso no es todo. Al comenzar a gatear, pasan por una etapa en la que buscan la manera de suicidarse cada cinco minutos. Lo peor lo dejo para el final: la gran mayoría de los bebés se despiertan un par de veces cada noche —algunos muchas más—, utilizando su estridente llanto como medio de comunicación. ¡Hay noches que parece que te estén sometiendo a una tortura china! En general, lloran porque les duele la aparición de dientes, porque tienen fiebre o porque el pipí o la caquita les ha desbordado el pañal. Hay quien te dice que lo mejor es dejarlos berrear un rato, de forma que aprendan el hábito de conciliar el sueño por sí mismos. Y otros, en cambio, proponen meterlos en tu cama, para que así se sientan reconfortados por la calidez que les proporciona sentirnos cerca. Decidas lo que decidas, has de sacar fuerzas de donde sea y no pagar tu mal humor con tu pareja, evitando caer en la tiranía de los reproches y del «te toca».

82

Tú dejas de ser lo más importante de tu vida

Ser padre implica aniquilar tu libertinaje. Ya no puedes hacer lo que te da la gana. Tú ya no puedes ser tu prioridad. Eres responsable de mantener vivo a otro ser humano. Tienes que adaptarte a los horarios que te marca tu hijo, quien se convierte en tu jefe, el CEO de tu vida. Y dado que alguien ha de estar veinticuatro horas al día junto a la criatura, tarde o temprano hay que tomar decisiones como pareja: ¿os podéis permitir que uno de los dos deje de trabajar? ¿Contáis con la ayuda diaria de los abuelos? ¿Contratáis a una canguro de forma fija? ¿Lo lleváis a la guardería? Si eliges esta última opción, lo más seguro es que te devuelvan a tu hijo a los tres días, contagiado del virus de algún compañero. Y, créeme, no querrás estar en esa situación. Cuidar a tu hijo enfermo, siendo testigo de su dolor y sintiéndote impotente por no poder curarlo, es un desafío para el ego. Además, lo más probable es que tu pareja y tú enferméis, lo que dificultará que puedas ocuparte de las necesidades de tu hijo sin perturbarte. Es una odisea energética. Acabas destrozado. Y en cuanto a los fines de semana, olvídate de ir al cine, hacer deporte o leer un libro. Tu nuevo hobby se llama «ejercer de padre». A menos que tengas amigos con hijos, vas a sentir la necesidad de hacer nuevas amistades, sacándote de tu zona de comodidad social. La pareja necesita aire y movimiento. Compartir esta experiencia con amigos de verdad marca la diferencia. En comunidad, la energía que consumen los niños se reparte y se diluye. Todos se hacen responsables de todos y, paradójicamente, todos se sienten un poco más libres. Poder estar en un jardín, conversando mientras los niños juegan en un entorno seguro es simplemente una delicia.

Ser padre es cursar un máster de amor incondicional

El miedo y la ignorancia provocan que muchas personas —al tener hijos— se vuelvan neuróticas. Ten mucho cuidado con que no te pase lo mismo. De hecho, existe una tendencia generalizada a convertirse en «padres perfectos», cayendo en las garras de la peligrosa sobreprotección. Sin embargo, es imposible evitar que tus hijos entren en contacto con el dolor. Los bebés padecen todo tipo de enfermedades, experimentan diferentes niveles de fiebre, se caen al suelo, se dan golpes y *pintan* el pañal con diferentes colores y texturas. Muchas veces lloran porque no entienden por qué les pasa lo que les pasa. Pero por más que leas libros sobre paternidad, seguramente caigas en la novatada de ir a urgencias a altas horas de la madrugada por haber convertido un granito de arena en un enorme castillo. Como madre (o padre), el mejor regalo que le puedes ofrecer a tu bebé es compartir con él tu bienestar emocional. ¡Déjate de tantos productos ecológicos! Tu felicidad es el mejor alimento que puedes darle. Lo cierto es que tu equilibrio y serenidad les da confianza y seguridad. ¡No quieren más juguetes, sino más atención! De ahí que antes de empezar a ocuparte de él, has de haberte ocupado de ti mismo primero. Ejercer el rol de padre (o madre) implica matricularse en un máster de amor incondicional. Puede que no haya notas, pero sí exámenes cada día. Para aprobar y superar los retos que te plantea tener un hijo has de comprender que lo importante no eres tú, sino lo que sucede a través de ti al servicio de tu hijo. Así, amar significa convertir sus necesidades en tus prioridades. Y si bien esta afirmación es fácil de decir, da para toda una vida de aprendizaje. ¡Buen viaje!

XXII

TÚ ERES EL VERDADERO AMOR DE TU VIDA

Recordatorio para no volver a perderte en el otro

84

Encuéntrate a ti y no volverás a perderte nunca más

Qué gran error es pensar que la felicidad procede de las relaciones. El secreto para disfrutar en pareja de forma plena y duradera consiste en aprender a amar tu soledad, de manera que primero te conviertas en tu mejor amigo. Hasta que no lo consigas, seguirás atrayendo a tu vida a todo tipo de personas con las que seguir entrando en conflicto y sufriendo. Esa es precisamente la función de la tristeza: hacer consciente tu herida de rechazo y abandono, no por parte del otro, sino de ti mismo. ¡Tú eres el único que te has estado rechazando y abandonando! Cuando eches de menos a alguien y sufras por haberlo perdido, tan solo recuerda que en realidad al que verdaderamente extrañas es a ti mismo. Y no es para menos. Al perderte en el otro, perdiste, a su vez, la conexión íntima contigo. Lo que echas de menos es la sensación que sientes dentro de ti cuando estabas junto a esa persona. Echas de menos una parte de ti que crees que solo puedes experimentar a través del otro. Sin embargo, dado que eres un ser completo, puedes revivir «eso» que tanto echas de menos aquí y ahora. Simplemente cierra los ojos. Respira en profundidad y visualiza algún momento compartido con esa persona. Ya verás como poco a poco la sensación que echas de menos florecerá dentro de ti, desde dentro. Con la práctica, dicha sensación te acompañará donde quiera que vayas, estés solo o acompañado. Y verificarás que «eso» que pensabas que tenía que ver con el otro, en realidad solo tiene que ver contigo mismo. A menos que sepas ser feliz estando solo jamás podrás serlo en compañía de nadie más. La auténtica madurez deviene cuando comprendes que tú eres la persona más importante y el verdadero amor de tu vida.

XXIII

(CASI SIEMPRE) FELICES
Y (TAL VEZ) PARA SIEMPRE

Decálogo de las parejas conscientes

1. **Soy responsable de mi felicidad, no de la tuya.**
   Tú eres responsable de tu felicidad, no de la mía.
2. **Soy responsable de mi sufrimiento, no del tuyo.**
   Tú eres responsable de tu sufrimiento, no del mío.
3. **Te elijo conscientemente a ti y tú me eliges conscientemente a mí.**
   Nadie nos obliga a estar juntos. Lo hacemos porque queremos.
4. **Me conozco a mí a través de ti y tú te conoces a ti a través de mí.**
   Nuestra relación es un juego de espejos y proyecciones donde nos vemos reflejados.
5. **Aprendo de ti y tú aprendes de mí.**
   Somos opuestos y complementarios; el conflicto es lo que nos hace crecer, madurar y evolucionar, desarrollando todo nuestro potencial.
6. **Tú no me completas, sino que me complementas.**
   Yo no te completo, sino que te complemento. No somos medias naranjas desgajadas, sino naranjas enteras.
7. **Te acepto tal como eres y tú me aceptas tal como soy.**
   No te quiero cambiar y tú no me quieres cambiar. Nos amamos tal como somos. Y nos comprometemos con regar la flor que es nuestra relación de pareja, creando las condiciones para que crezca sana, fuerte y hermosa.

8. **Respeto tu libertad y tú respetas mi libertad.**

   Vivimos y nos dejamos vivir, honrando nuestra individualidad y singularidad.

9. **Me comunico contigo y tú te comunicas conmigo.**

   Creamos un vínculo íntimo basado en la honestidad, la confianza y el respeto, aprendiendo a comunicarnos con empatía y asertividad para establecer compromisos que nos beneficien mutuamente.

10. **Creamos nuestro propio acuerdo de pareja.**

    Cuestionamos el molde de pareja tradicional y convencional, atreviéndonos a crear un acuerdo de pareja que honre quienes verdaderamente somos, sin importar lo que piense la sociedad.

XXIV

SÚMATE A LA REVOLUCIÓN

Sé tú el cambio que este mundo necesita

Si después de leerte este libro quieres sumarte a la revolución de la consciencia, te animo de corazón a que investigues los siguientes proyectos que vengo impulsando y liderando desde 2009:

KUESTIONA. Se trata de una comunidad educativa para buscadores e inconformistas. Su finalidad es democratizar la sabiduría para inspirar un cambio de paradigma a través de programas presenciales y online orientados a empoderar a nuestros alumnos, de manera que sepan crecer en sabiduría en las diferentes áreas de su vida.

Más información en www.kuestiona.com.

LA AKADEMIA. Se trata de un movimiento ciudadano que promueve educación emocional y emprendedora gratuita para jóvenes de entre dieciocho y veintitrés años. Su misión es acompañar a estos chavales para que descubran quiénes son y cuál es su auténtico propósito de manera que puedan reinventarse y prosperar en la nueva era.

Más información en www.laakademia.org.

TERRA. Se trata de un proyecto de escuela consciente que promueve un nuevo paradigma educativo, cuya finalidad es ofrecer una verdadera educación a los alumnos de entre dos y dieciocho años. En vez de prepararlos para superar la prueba de la selectividad, los preparamos para disfrutar plenamente de la vida.

Más información en www.terraec.es.

Si sientes que ha llegado el momento de cuestionar el molde de pareja convencional y abrirte a una nueva forma de amar y ser amado, te animo a que le eches un vistazo a mi curso online «La pareja consciente. Claves para disfrutar del amor en libertad». Se trata de un viaje de autoconocimiento en el que te acompaño paso a paso para que sepas cómo sanar tu autoestima y convertirte en el amor de tu vida, de manera que aprendas a co-crear un acuerdo de pareja consciente que honre tu singularidad. Y es que para encontrar a alguien con quien disfrutar plenamente de la vida, primero tienes que tener claridad acerca de quién verdaderamente eres, saber ser feliz por ti mismo y descubrir cómo necesitas compartirte con tu compañero sentimental. En este sentido y a modo de agradecimiento por la confianza que has depositado en mí al adquirir este libro, te hago un descuento del 50 %. Para beneficiarte, solamente tienes que ir a mi web www.borjavilaseca.com, seguir los pasos de compra e introducir el cupón de descuento: «LIBERTAD». Si quieres, hoy mismo puedes empezarlo desde el salón de tu casa. ¡Buen viaje!

Descubre la biblioteca
BORJA VILASECA

Súmate a la revolución

Borja Vilaseca
Encantado de conocerme

Comprende tu personalidad a través del Eneagrama

¡Más de 100.000 lectores!

DEBOLSILLO *clave*

Borja Vilaseca
Qué harías si no tuvieras miedo

Claves para reinventarte profesionalmente y prosperar en la nueva era

DEBOLSILLO *clave*

Por el autor de *Encantado de conocerme*

Borja Vilaseca
El sinsentido común

Claves para cuestionar tu vieja mentalidad y cambiar de actitud frente a la vida

DEBOLSILLO *clave*

Por el autor de *Encantado de conocerme*

Borja Vilaseca
El Principito se pone la corbata

Una fábula para redescubrir lo que de verdad importa

Más de 100.000 ejemplares vendidos

DEBOLSILLO *clave*

CLAY NEWMAN
Pseudónimo de **BORJA VILASECA**

EL PROZAC DE SÉNECA

Claves para afrontar problemas existenciales con sabiduría

DEBOLSILLO *clave*

CLAY NEWMAN
Pseudónimo de **BORJA VILASECA**

NI FELICES NI PARA SIEMPRE

Una nueva forma de entender las relaciones de pareja

DEBOLSILLO *clave*